교육부 선정 교육용 기초 한자

1800자
漢字 쓰기교본

시사정보연구원 지음

부록
한자 활용 능력을
확실히 키우는
고사성어 익히기

★ 교육용 기초 한자 1800자를 두 글자로 묶어 암기와 어휘력 향상에 최적화

★ 교육용 기초 한자를 단어로 익히기 때문에 효율적인 학습이 가능

★ 가나다순 배열로 짧은 시간 안에 1800한자 학습이 가능

★ 한자 활용 능력을 키우는 고사성어 수록

★ 실생활에 바로 적용하여 활용 가능하도록 구성

★ 한자검정능력시험 대비

시사패스
SISAPASS.COM

교육부 선정 교육용 기초 한자

1800자 한자 쓰기 교본

7쇄 발행　2024년 4월 22일

지은이　　시사정보연구원
발행인　　권윤삼
발행처　　도서출판 산수야

등록번호　제1-1515호
주소　　　서울시 마포구 월드컵로 165-4
우편번호　121-826
전화　　　02-332-9655
팩스　　　02-335-0674

ISBN 978-89-8097-378-1　　13710

머리말

한자는 우리의 생활과 밀접한 연관성을 지니고 있다. 특히 우리말의 70퍼센트 이상이 한자식 조어로 되어 있기 때문에 한자를 학습하면 우리말을 활용하는 능력도 자연스럽게 길러진다. 뿐만 아니라 중국어와 일본어를 공부하는 데도 큰 힘이 된다.

중국과 일본 등 동아시아 국가의 언어로 한자의 중요성이 강조됨에 따라 효과적인 한자 학습법이 다양하게 소개되고 있지만, 무엇보다 한자 학습의 기본은 많이 보고, 많이 쓰고, 많이 적용하고 활용하는 데 있다.

특히 교육부의 한자교육 강화 방침에 따라 한자 학습의 기본이 되는 교육부 선정 기초 한자 1800자를 두 글자의 단어로 엮어서 어휘력과 한자 학습이 동시에 가능하도록 편집하여 여러분 앞에 내놓게 되었다.

모든 공부가 그러하듯이 한자 역시 손으로 쓰고 눈으로 익히며 마음으로 새기는 학습법이 가장 기억에 오래 남고, 또한 능률적인 방법임이 다양한 연구를 통해 입증되었다. 이러한 결과에 따라 이 책은 한자를 필순에 따라 쓰면서 음과 훈을 익히도록 구성하여 누구든지 쉽고, 빠르고, 정확하게 한자를 익힐 수 있도록 구성하였다. 또한 한자를 재미있게 익힐 수 있도록 고사성어를 부록으로 첨부하여 실생활에서 한자의 활용도를 고려하였으며, 한자검정능력시험 대비를 위한 편집체제로 구성하여 두 마리 토끼를 잡을 수 있도록 하였다. 이러한 장치들을 활용한다면 한자 활용 능력을 확실히 키울 수 있을 것이다.

요즘은 컴퓨터로 문서를 작성하는 예가 많아 손글씨를 쓸 기회가 점차 사라져 간다. 그럼에도 불구하고 반드시 손글씨를 써야 하는 경우가 종종 있다. 이럴 때 잘 다듬어진 글씨는 쓴 사람의 품격을 높이고, 신뢰감을 준다. 이 책을 기본으로 바른 자세로, 정확한 획순에 따라 한자를 익히다 보면 누구나 자신 있는 손글씨를 터득할 수 있다.

공부를 하면 할수록 쉬워지는 것이 한자다. 손으로 정갈하게 쓰고 눈으로 맑게 읽으며 마음으로 뜻을 새기는 학습이 되도록 구성된 이 책을 통해 큰 목표를 이루기 바란다.

시사정보연구원

* 한자 쓰기의 기본원칙 *

1. 위에서 아래로 쓴다.

言(말씀 언)→ 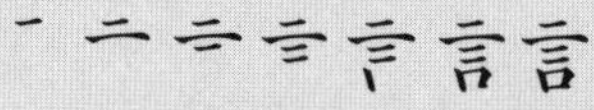

雲(구름 운)→ 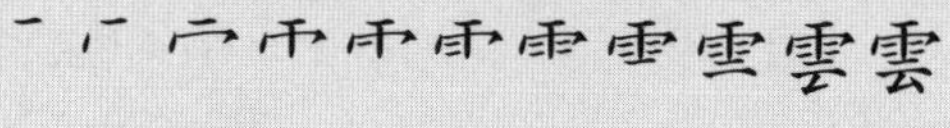

2. 왼쪽에서 오른쪽으로 쓴다.

江(강 강)→ 

例(법식 예)→ 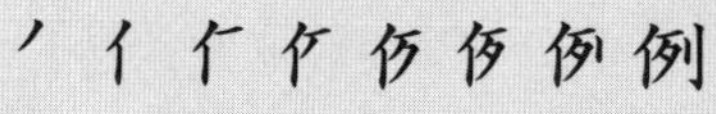

3. 가로획과 세로획이 겹칠 때는 가로획을 먼저 쓴다.

用(쓸 용)→ 

共(함께 공)→ 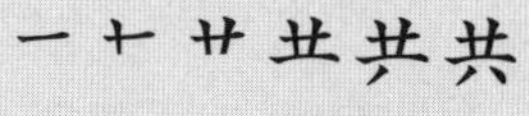

4. 삐침과 파임이 만날 때는 삐침을 먼저 쓴다.

人(사람 인)→ 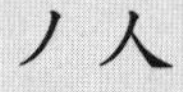

文(글월 문)→ 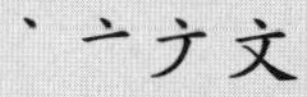

5. 좌우가 대칭될 때에는 가운데를 먼저 쓴다.

小(작을 소)→ 

承(받들 승)→ 

6. 둘러 싼 모양으로 된 자는 바깥쪽을 먼저 쓴다.

同(같을 동)→ 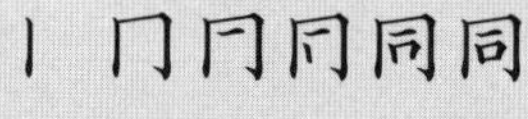

病(병날 병)→ 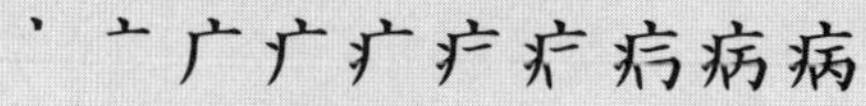

7. 글자를 가로지르는 가로획은 나중에 긋는다.

女(여자 녀)→ 

母(어미 모)→ 

8. 글자 전체를 꿰뚫는 세로획은 나중에 쓴다.

車(수레 거)→ 

事(일 사)→ 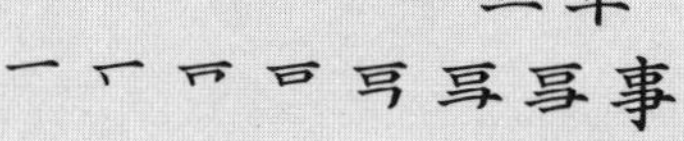

9. 책받침(辶, 廴)은 나중에 쓴다.

近(원근 근)→ ′ ╱ ⌐ ⼍ 斤 斤 近 近

建(세울 건)→ ⼍ ⼍ ⼍ ⼍ ⼍ 聿 聿 建 建

■ 한자의 기본 점(點)과 획(劃)

　(1) 점

　　① 「丶」: 왼점　　　　　② 「丶」: 오른점

　　③ 「丶」: 오른 치킴　　　④ 「丶」: 오른점 삐침

　(2) 직선

　　⑤ 「一」: 가로긋기　　　⑥ 「丨」: 내리긋기

　　⑦ 「→」: 평갈고리　　　⑧ 「亅」: 왼 갈고리

　　⑨ 「ㄴ」: 오른 갈고리

　(3) 곡선

　　⑩ 「丿」: 삐침　　　　　⑪ 「丿」: 치킴

　　⑫ 「丶」: 파임　　　　　⑬ 「辶」: 받침

　　⑭ 「亅」: 굽은 갈고리　　⑮ 「乀」: 지게다리

　　⑯ 「⌐」: 누운 지게다리　⑰ 「乚」: 새가슴

少① ②	火③ ④	主⑤	伸⑥
揮⑦ ⑧	表⑨	冷⑩ ⑪ ⑫	送⑬
乎⑭	式⑮	忠⑯	兄⑰

부수표

1획		37	大	75	木	113	示(礻)	150	谷	10획	
1	一	38	女	76	欠	114	禸	151	豆	187	馬
2	丨	39	子	77	止	115	禾	152	豕	188	骨
3	丶	40	宀	78	歹	116	穴	153	豸	189	高
4	丿	41	寸	79	殳	117	立	154	貝	190	髟
5	乙	42	小	80	毋	6획		155	赤	191	鬥
6	亅	43	尢	81	比	118	竹	156	走	192	鬯
2획		44	尸	82	毛	119	米	157	足	193	鬲
7	二	45	屮	83	氏	120	糸	158	身	194	鬼
8	亠	46	山	84	气	121	缶	159	車	11획	
9	人(亻)	47	川(巛)	85	水(氵)	122	网(罒)	160	辛	195	魚
10	儿	48	工	86	火(灬)	123	羊	161	辰	196	鳥
11	入	49	己	87	爪(爫)	124	羽	162	辵(辶)	197	鹵
12	八	50	巾	88	父	125	老(耂)	163	邑(阝)	198	鹿
13	冂	51	干	89	爻	126	而	164	酉	199	麥
14	冖	52	幺	90	爿	127	耒	165	釆	200	麻
15	冫	53	广	91	片	128	耳	166	里	12획	
16	几	54	廴	92	牙	129	聿	8획		201	黃
17	凵	55	廾	93	牛(牜)	130	肉(月)	167	金	202	黍
18	刀(刂)	56	弋	94	犬(犭)	131	臣	168	長(镸)	203	黑
19	力	57	弓	5획		132	自	169	門	204	黹
20	勹	58	彐(彑)	95	玄	133	至	170	阜(阝)	13획	
21	匕	59	彡	96	玉(王)	134	臼	171	隶	205	黽
22	匚	60	彳	97	瓜	135	舌	172	隹	206	鼎
23	匸	4획		98	瓦	136	舛	173	雨	207	鼓
24	十	61	心(忄)	99	甘	137	舟	174	靑	208	鼠
25	卜	62	戈	100	生	138	艮	175	非	14획	
26	卩(㔾)	63	戶	101	用	139	色	9획		209	鼻
27	厂	64	手(扌)	102	田	140	艸(艹)	176	面	210	齊
28	厶	65	支	103	疋	141	虍	177	革	15획	
29	又	66	攴(攵)	104	疒	142	虫	178	韋	211	齒
3획		67	文	105	癶	143	血	179	韭	16획	
30	口	68	斗	106	白	144	行	180	音	212	龍
31	囗	69	斤	107	皮	145	衣(衤)	181	頁	213	龜
32	土	70	方	108	皿	146	襾	182	風	17획	
33	士	71	无(旡)	109	目(罒)	7획		183	飛	214	龠
34	夂	72	日	110	矛	147	見	184	食		
35	夊	73	曰	111	矢	148	角	185	首		
36	夕	74	月	112	石	149	言	186	香		

1800자
漢字 쓰기교본

可	可			
옳을 가	一 丁 可 可 可			
否	否			
아니 부	一 프 耂 不 否			
가부	옳고 그름			

假	假			
거짓 가	亻 亻 伲 佧 俏 假 假			
飾	飾			
꾸밀 식	亼 乞 今 刍 飠 飣 飾			
가식	언행을 거짓으로 꾸밈			

家	家			
집 가	丶 宀 宀 宁 宇 家 家			
屋	屋			
집 옥	一 コ 尸 尸 居 屋 屋			
가옥	사람이 사는 집			

歌	歌			
노래 가	一 口 可 哥 哥 歌 歌			
謠	謠			
노래 요	言 言 訁 訡 謠 謠 謠			
가요	민요·유행가 등의 속칭			

佳	佳			
좋을 가	亻 亻 件 件 佳 佳 佳			
作	作			
지을 작	丿 亻 亻 伫 作 作 作			
가작	잘된 작품			

價	價			
값 가	亻 亻 俨 俨 價 價 價			
値	値			
값 치	丿 亻 亻 佔 值 值 值			
가치	① 값 ② 사물의 중요성과 의의			

覺	覺			
깨달을 각	乴 乷 幽 朗 界 學 覺			
悟	悟			
깨달을 오	丶 忄 忄 忤 悟 悟 悟			
각오	미리 알아 마음을 정함			

各	各			
각각 각	丿 夂 久 冬 各 各			
項	項			
조목 항	一 工 王 邛 項 項 項			
각항	각 항목, 각 가지			

干				
방패 간	一二干			
戈				
창 과	一七戈戈			
간과	① 방패와 창 ② 전쟁			

簡				
간략할 간	^ ^^ 竹 符 符 符 簡 簡 簡			
單				
홀 단	` `` 罒 罒 單 單 單			
간단	간단하고 명료함			

肝				
간 간	ノ 刀 刀 月 月 肝 肝			
油				
기름 유	` ` ` 氵 氵 沪 油 油 油			
간유	생선의 간에서 추출한 기름			

姦				
간음할 간	ㄑ 女 女 女 姦 姦 姦			
淫				
음란할 음	` 氵 氵 泙 淫 淫 淫			
간음	비도덕적인 성 관계			

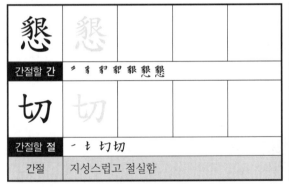

懇				
간절할 간	ー 豸 豸 豸 豸 懇 懇			
切				
간절할 절	一 匕 切 切			
간절	지성스럽고 절실함			

看				
볼 간	二 手 乇 看 看 看 看			
板				
판목 판	十 オ 木 木 枚 板 板 板			
간판	상점 이름을 써서 건 것			

渴				
목마를 갈	氵 沪 沪 沪 渴 渴 渴			
症				
증세 증	亠 广 广 疒 疒 症 症			
갈증	목이 마른 증세			

監				
옥 감	ㄱ ㄹ ㄹ 臣 監 監 監			
獄				
옥 옥	ㄱ ㄱ 犭 犭 狺 狺 獄			
감옥	죄인을 가두어 두는 곳			

甘	甘				
달 감	一 十 卄 廿 甘				
酒	酒				
술 주	丶 冫 氵 氵 沙 沔 酒 酒 酒				
감주	단술=식혜				

減	減				
덜 감	丶 冫 氵 沪 沥 減 減 減				
刑	刑				
형벌 형	一 二 于 开 开 刑				
감형	형벌을 덜어 가볍게 함				

甲	甲				
갑옷 갑	丨 口 日 日 甲				
蟲	蟲				
벌레 충	口 中 虫 虫 虫 蟲 蟲				
갑충	껍데기가 단단한 곤충				

康	康				
편안할 강	丶 广 庐 庐 庐 唐 康				
寧	寧				
편안할 녕	丷 宀 宁 宵 富 富 寧				
강녕	건강하고 마음이 편안함				

鋼	鋼				
강철 강	人 牟 金 釘 鋼 鋼 鋼				
線	線				
줄 선	幺 糸 約 紵 紵 綿 線				
강선	강철로 만든 줄				

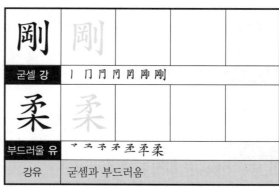

剛	剛				
굳셀 강	丨 门 門 門 円 剛 剛				
柔	柔				
부드러울 유	卩 マ 予 矛 予 平 柔				
강유	굳셈과 부드러움				

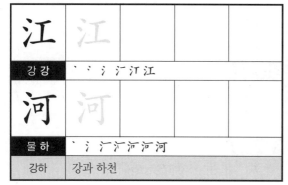

江	江				
강 강	丶 冫 氵 汀 江 江				
河	河				
물 하	丶 冫 氵 沪 沪 河 河				
강하	강과 하천				

改	改				
고칠 개	乛 コ 己 卍 卍 改 改				
善	善				
착할 선	丷 兰 羊 羊 羔 善 善				
개선	잘못된 것을 고쳐 좋게 함				

個	個			
낱 개	亻 亻 们 們 們 個 個			
性	性			
성품 성	忄 忄 忄 忙 忙 性 性			
개성	개인이 타고난 특유의 성격			

蓋	蓋			
덮을 개	艹 艹 苎 苎 荖 蓋 蓋			
瓦	瓦			
기와 와	一 丆 瓦 瓦 瓦			
개와	지붕에 기와를 얹음			

介	介			
끼일 개	丿 人 介 介			
入	入			
들 입	丿 入			
개입	사이에 끼어 듦			

開	開			
열 개	門 門 門 門 閂 開 開			
拓	拓			
열 척	扌 扌 扌 扩 扩 拓 拓			
개척	황무지를 일구어 논밭을 만듦			

慨	慨			
슬퍼할 개	忄 忄 忙 忙 惃 惃 慨 慨			
歎	歎			
탄식할 탄	廿 苩 菓 菓 歎 歎 歎			
개탄	분개하여 탄식함			

擧	擧			
온통 거	臼 臼 臼 舁 舁 與 擧			
皆	皆			
다 개	匕 比 比 毕 皆 皆			
거개	거의 모두, 대부분			

距	距			
떨어질 거	丶 口 早 足 距 距 距			
離	離			
떨어질 리	亠 亠 离 离 離 離 離			
거리	두 곳 사이의 떨어진 정도			

去	去			
갈 거	一 十 土 去 去			
番	番			
차례 번	丷 乊 平 釆 番 番 番			
거번	차례가 지난, 지난번			

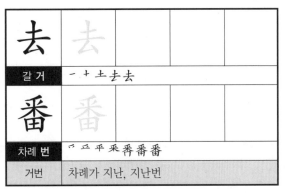

巨	巨			
클 거	一 厂 厅 巨 巨			
星	星			
별 성	冂 日 旦 旱 星 星 星			
거성	① 큰 별 ② 큰 인물			

居	居			
살 거	⼀ ⼸ 尸 尺 床 居 居			
處	處			
곳 처	⼘ ⼧ 广 卢 虍 虎 處			
거처	① 살고 있는 곳 ② 간 곳			

乾	乾			
하늘 건	一 十 ⼗ 古 肖 享 乾 乾			
坤	坤			
땅 곤	扌 士 圤 坩 坩 坤 坤			
건곤	하늘과 땅=天地			

健	健			
굳셀 건	丿 亻 亻⼧ 律 建 健 健			
兒	兒			
아이 아	丶 ⺊ ⼧ 白 臼 兒			
건아	건강하고 혈기가 있는 남아			

建	建			
세울 건	一 ⼖ 一 聿 聿 建			
築	築			
지을 축	⼂ 竹 竺 笁 筑 築 築			
건축	집·다리 등을 세우거나 지음			

儉	儉			
검소할 검	亻 伫 伫 伶 伶 儉 儉			
德	德			
품행 덕	彳 彳 彳 徝 徝 德 德			
검덕	검소한 행실			

激	激			
심할 격	氵 氵 汸 沪 澎 澎 激			
情	情			
뜻 정	丶 忄 忄 忴 情 情 情			
격정	격해진 감정			

堅	堅			
굳을 견	⼂ 彐 臣 臣 臤 臤 堅			
固	固			
굳을 고	冂 门 円 同 周 周 固			
견고	① 굳고 튼튼함 ② 확실함			

肩	肩			

어깨 견	`丶ㅋㅋ尸户肩肩`

章	章			

글 장	`一ㅗ立音音章章`

견장	제복의 어깨에 붙이는 표장

絹	絹			

비단 견	`ㄴ幺幺幺糸糺絹絹`

織	織			

짤 직	`幺糸糽綧締織織`

견직	명주실로 짠 피륙

決	決			

정할 결	`丶丶氵汀江決決`

裁	裁			

결단할 재	`十土圭吏表裁裁`

결재	처리 안건을 승인함

缺	缺			

이 빠질 결	`ㄴㄴ午缶缶缺缺`

陷	陷			

빠질 함	`'阝阝陷陷陷陷`

결함	갖추지 못한 것

謙	謙			

겸손할 겸	`亠言言言言諪謙謙`

讓	讓			

사양할 양	`言言譚譚謙讓讓`

겸양	겸손한 태도로 사양함

兼	兼			

겸할 겸	`ㅅ今今兯兯兼兼兼`

職	職			

직분 직	`耳耳耶聤聤職職`

겸직	직무를 겸함

頃	頃			

잠깐 경	`一匕匕䀹頃頃頃`

刻	刻			

시각 각	`ㄴㅗ亥亥亥刻刻`

경각	극히 짧은 시간

景	景			

경치 경	`口日旦景景景景`

槪	槪			

풍치 개	`十才朾梎棇槪槪`

경개	경치

警	警					
경계할 경	一 艹 艹 苟 敬 敬 警 警					
句	句					
구절 구	丿 勹 勺 句 句					
경구	경계하는 내용이 담긴 짧은 글					

輕	輕					
가벼울 경	一 亓 亘 車 車 輕 輕 輕					
罰	罰					
벌줄 벌	口 皿 罒 罒 罰 罰 罰					
경벌	가벼운 벌					

傾	傾					
기울 경	亻 亻 仲 仢 佰 傾 傾					
斜	斜					
비낄 사	𠂉 二 半 余 余 斜 斜					
경사	비스듬히 한쪽으로 기욺					

境	境					
지경 경	十 土 圹 圹 培 培 境					
遇	遇					
만날 우	日 禺 禺 禺 遇 遇 遇					
경우	부닥친 형편이나 사정					

經	經					
날 경	丿 幺 幺 糸 紒 紒 經 經					
緯	緯					
씨 위	幺 糸 紣 紵 綽 緯 緯 緯					
경위	① 날과 씨 ② 일의 경로					

驚	驚					
놀랄 경	艹 艿 苟 敬 敬 驚 驚 驚					
異	異					
다를 이	丶 口 田 田 畢 畢 異					
경이	놀라서 이상히 여김					

庚	庚					
천간 경	亠 广 广 庐 庐 庚 庚					
壬	壬					
천간 임	丿 二 千 壬					
경임	천간이 '庚'과 '壬'인 해					

更	更					
고칠 경	一 一 一 一 百 更 更					
張	張					
고칠 장	丂 弓 弘 弨 張 張 張					
경장	부패한 제도를 개혁함					

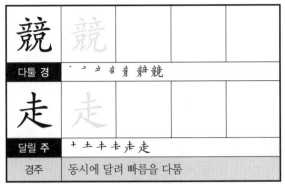

競				
다툴 경	`丶 ㅗ ㅍ 音 竞 竞 競`			
走				
달릴 주	`十 土 キ 丰 走 走`			
경주	동시에 달려 빠름을 다툼			

慶				
경사 경	`一 广 广 声 唐 廉 慶`			
祝				
빌 축	`一 亍 示 礻 ネ ネ 祝`			
경축	경사를 축하함			

京				
서울 경	`丶 亠 古 古 宁 京`			
鄕				
시골 향	`丿 乡 纟 纩 矧 鄉 鄉`			
경향	서울과 시골			

硬				
굳을 경	`一 丆 石 石 砸 砸 硬`			
化				
될 화	`亻 亻 化`			
경화	단단하게 굳어짐			

桂				
계수나무 계	`十 才 木 杜 桂 桂 桂`			
冠				
갓 관	`冖 写 冖 冗 宄 冠 冠`			
계관	월계수로 만든 관			

階				
섬돌 계	`丨 阝 阝 阰 阰 階 階`			
段				
층계 단	`丿 亻 亻 耳 趴 段 段`			
계단	① 층층대 ② 일의 과정			

鷄				
닭 계	`丷 丷 丞 郛 鷄 鷄 鷄`			
鳴				
울 명	`丨 口 叮 啁 喎 鳴 鳴`			
계명	닭의 울음			

啓				
가르칠 계	`丶 彐 尸 户 改 改 啓`			
蒙				
어릴 몽	`艹 产 芓 学 蒙 蒙 蒙`			
계몽	어리석은 사람을 깨우쳐 줌			

癸	癸			
천간 계	ㄱㄱㄲㄴ癶癶葵癸			
巳	巳			
뱀 사	ㄱㄱ巳			
계사	육십갑자의 서른 번째			

繼	繼			
이을 계	ㄴ幺糸糸糸絲絲繼繼			
承	承			
이을 승	了了手手承承			
계승	뒤를 이어받음			

契	契			
맺을 계	三丰㓞㓞㓞契契			
約	約			
약속할 약	ㄴ幺幺糸糸約約			
계약	지킬 의무에 대한 약속			

計	計			
셈할 계	亠言言言言計			
策	策			
꾀 책	✓ヾ竺竺竺筘策			
계책	용한 꾀와 방책			

系	系			
이을 계	ㄱㄷ互玄系系系			
統	統			
계통 통	ㄴ幺糸糺紵統統			
계통	조직적인 체계나 순서			

季	季			
끝 계	二千千禾季季			
夏	夏			
여름 하	一丆兀百頁夏夏			
계하	음력 6월, 곧 늦여름			

考	考			
상고할 고	一十土耂考考			
古	古			
옛 고	一十十古古			
고고	고대의 역사적 사실을 연구함			

苦	苦			
괴로울 고	✝艹艹丼苦苦苦			
待	待			
기다릴 대	ノ彳彳什件待待			
고대	몹시 기다림			

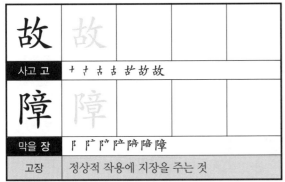

故		
사고 고	十 土 古 古 苏 故 故	

障		
막을 장	阝 阝 阝 阝 陸 障 障	

| 고장 | 정상적 작용에 지장을 주는 것 | |

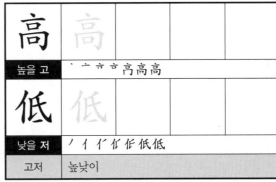

高		
높을 고	一 亠 亩 高 高 高	

低		
낮을 저	丿 亻 仁 佇 低 低	

| 고저 | 높낮이 | |

孤		
외로울 고	丁 了 孑 孑 孤 孤 孤	

舟		
배 주	丿 丿 力 舟 舟 舟	

| 고주 | 외로이 떠 있는 작은 배 | |

鼓		
북돋울 고	一 士 古 吉 壴 鼓 鼓	

吹		
불 취	丶 口 口 吖 吹 吹	

| 고취 | 용기와 기운을 복돋아 일으킴 | |

哭		
울 곡	丶 口 吅 吅 吅 哭 哭	

泣		
울 읍	丶 氵 氵 汁 汁 泣 泣	

| 곡읍 | 소리를 내어 서럽게 욺 | |

曲		
굽을 곡	丨 冂 曰 曲 曲 曲	

直		
곧을 직	十 古 古 直 直 直	

| 곡직 | 사리의 옳고 그름 | |

恭		
공손할 공	一 廿 共 共 恭 恭	

敬		
공경할 경	丶 艹 芍 苟 敬 敬	

| 공경 | 삼가고 존경함 | |

功		
공 공	一 丁 工 功 功	

過		
허물 과	冂 冂 円 咼 咼 過 過	

| 공과 | 공로와 과실 | |

恐	恐			
두려울 공	⁻ ㄲ ㄲ 巩 巩 恐 恐			
懼	懼			
두려워할 구	忄 忄 忄 忄 忄 忄 懼			
공구	몹시 두려워함			

空	空			
빌 공	⼋ 宀 宀 空 空 空 空			
欄	欄			
테두리 란	木 柯 棡 棡 欄 欄 欄			
공란	지면에 글자 없이 비워 둠			

孔	孔			
성 공	ㄱ 了 孑 孔			
孟	孟			
성 맹	了 子 孑 孟 孟 孟 孟			
공맹	공자와 맹자			

共	共			
함께 공	⼀ ⼗ 世 井 井 共			
犯	犯			
범할 범	丿 犭 犭 犭 犯			
공범	여럿이 공모하여 죄를 범함			

攻	攻			
칠 공	⁻ 丁 工 エ 攻 攻			
勢	勢			
기세 세	土 吉 幸 執 執 執 勢			
공세	공격하는 태세, 또는 세력			

公	公			
공 공	丿 八 公 公			
認	認			
인정할 인	亠 言 言 訒 認 認 認			
공인	어떤 행위에 대해 인정함			

貢	貢			
바칠 공	⼀ ⼯ 干 듀 音 貢			
獻	獻			
드릴 헌	广 广 庐 虎 虏 膚 獻			
공헌	이바지함			

瓜	瓜			
오이 과	⼀ 厂 爪 瓜 瓜			
年	年			
나이 년	丿 ⼂ ⸦ 二 年 年			
과년	혼기가 찬 여자 나이			

誇	誇			
자랑할 과	ᄼ 言 言 訪 誇 誇			
示	示			
보일 시	一 二 亍 亓 示			
과시	자랑하여 보임			

課	課			
과목 과	ᄼ 言 訳 評 課 課			
程	程			
한도 정	千 禾 利 秆 程 程 程			
과정	과업의 정도			

關	關			
관계할 관	ᄼ ᄼ 門 門 閏 關 關			
係	係			
관계할 계	ᄼ ᄼ ᄼ 仔 係 係 係			
관계	둘 이상이 서로 걸림			

慣	慣			
익숙할 관	ᄼ 忄 忄 忄 慣 慣 慣			
習	習			
익힐 습	ᄀ 키 키 習 習 習 習			
관습	① 습관 ② 관례적인 사회 풍습			

管	管			
주관할 관	ᄼ ᄼ 竺 竺 竿 管 管			
掌	掌			
맡을 장	ᄽ 学 学 学 堂 堂 掌			
관장	맡아서 주관함			

貫	貫			
꿰뚫을 관	ᄼ ᄆ ᄆ 毌 毌 胃 貫			
徹	徹			
뚫을 철	ᄼ ᄼ ᄽ 徹 徹 徹 徹			
관철	어려움을 뚫고 나아가 목적을 이룸			

寬	寬			
너그러울 관	ᄼ 宀 宀 宀 宀 宦 寬			
弘	弘			
넓을 홍	ᄀ ᄀ ᄀ 弘 弘			
관홍	대하는 태도가 관대함			

廣	廣			
넓을 광	ᄼ 广 庐 庐 庐 庸 廣			
義	義			
뜻 의	ᄽ 羊 差 美 義 義			
광의	넓은 의미			

光	光			
빛 광	丨 ⺌ ⺌ 业 光 光			
輝	輝			
빛날 휘	丨 ⺌ 光 光 炉 煇 輝			
광휘	아름답게 빛나는 빛			

掛	掛			
걸 괘	扌 扌 扌 挂 挂 掛 掛			
鐘	鐘			
쇠북 종	𠂉 𠂉 钅 鈩 鈩 鐘 鐘			
괘종	벽에 걸게 된 자명종			

橋	橋			
다리 교	一 木 朩 杯 桥 橋 橋			
脚	脚			
다리 각	刀 月 肝 肚 胠 脚			
교각	교체(矯體)를 받치는 기둥			

郊	郊			
들 교	亠 六 ⺙ 交 交 交阝 郊			
外	外			
바깥 외	ノ ク タ 夕 外			
교외	시가지에서 떨어진 곳			

校	校			
학교 교	十 木 木 朩 杧 校 校			
庭	庭			
뜰 정	亠 广 庐 庠 庠 庭 庭			
교정	학교의 마당이나 운동장			

巧	巧			
교묘할 교	一 丅 工 工 巧			
拙	拙			
못날 졸	十 扌 扎 扎 扯 拙 拙			
교졸	교묘함과 졸렬함			

矯	矯			
바로잡을 교	ノ 矢 矢 矫 矫 矯 矯			
弊	弊			
폐단 폐	丷 冂 㡀 㡀 敝 敝 弊			
교폐	악폐를 바로 잡음			

交	交			
바꿀 교	丶 亠 亠 六 ⺙ 交			
換	換			
바꿀 환	十 扌 扌 扚 挽 換 換			
교환	이것과 저것을 서로 바꿈			

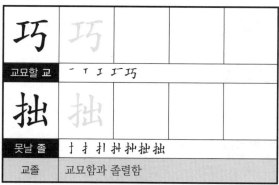

九				
아홉 구	ノ九			
卿				
벼슬 경	ノ 卯 卯 卯 卿卿			
구경	조선 때의 아홉 대신을 일컬음			

狗				
개 구	ノ ろ ろ 狗狗狗狗			
盜				
도둑 도	ヽ シ 汁次浴盜盜			
구도	좀도둑			

丘				
언덕 구	ノ ケ ト 丘丘			
陵				
언덕 릉	ラ 阝 阵陸陸陵陵			
구릉	언덕			

驅				
몰 구	ㅣ Γ ビ 馬馬馿驅驅			
迫				
핍박할 박	ノ イ 白 白 迫迫			
구박	못 견디게 굴며 박대함			

具				
갖출 구	ㅣ 冂 目 且具			
備				
갖출 비	イ 仃 伊件備備備			
구비	빠짐없이 모두 갖춤			

拘				
잡을 구	ㅓ ㅓ ㅑ 扚扚拘拘			
束				
묶을 속	ー ニ 戸 ロ 束束束			
구속	행동의 자유를 제한함			

區				
구역 구	ー 冖 吊 品 區區			
域				
지경 역	ㅓ ㅗ 圹 圹坷域域域			
구역	일정하게 구분된 지역			

救				
구월할 구	ー ㅓ ㅗ 求求救救			
濟				
구제할 제	ヽ 氵 汁 济济濟濟			
구제	구하여 도와 줌			

構					
얽을 구	木 杧 栌 栌 楫 構 構 構				
造					
지을 조	⺊ 生 告 告 诰 造 造				
구조	① 꾸며서 만듦 ② 꾸밈새				

俱					
갖출 구	亻 亻 们 但 俱 俱				
存					
있을 존	ナ 才 疒 存 存				
구존	양친이 다 살아 계심				

苟					
구차할 구	⺾ 艻 芍 芍 苟 苟				
且					
구차할 차	冂 目 且				
구차	군색하고 구구함				

鷗					
갈매기 구	口 品 區 區 歐 歐 鷗 鷗				
鶴					
두루미 학	亻 忄 忙 隹 窅 鶴 鶴 鶴				
구학	갈매기와 두루미				

國					
나라 국	冂 冋 同 咸 國 國 國				
旗					
기 기	⺀ 方 方 矿 斿 旗 旗				
국기	나라를 상징하는 기				

局					
판 국	ᄀ ᄀ 尸 局 局 局 局				
限					
한정 한	⻖ ⻖ 阝 阝 限 限 限				
국한	어떤 부분에 한정함				

群					
무리 군	ᄀ ᄏ 尹 君 君 群 群				
衆					
무리 중	⺈ 血 血 血 衆 衆 衆				
군중	한 곳에 떼지어 있는 사람들				

軍					
군사 군	冖 冖 宮 冒 宣 軍				
港					
항구 항	氵 氵 洪 洪 洪 港 港				
군항	군사적 목적으로 설비한 항구				

屈	屈			
굽을 굴	フ フ ア ア 屈 屈 屈			
伸	伸			
펼 신	ノ イ 仃 们 但 伸			
굴신	굽힘과 폄			

窮	窮			
막힐 궁	宀 宓 容 穷 窮 窮 窮			
谷	谷			
골짜기 곡	ノ 八 夕 父 谷 谷 谷			
궁곡	깊은 산골짜기			

弓	弓			
활 궁	フ フ 弓			
矢	矢			
화살 시	レ ㄈ 乒 乒 矢			
궁시	활과 화살			

宮	宮			
궁궐 궁	丶 宀 宀 宁 宫 宫 宫			
廷	廷			
조정 정	ノ イ 千 壬 任 廷 廷			
궁정	임금이 거처하는 곳			

勸	勸			
권할 권	艹 芊 苩 苩 藿 藿 勸 勸			
獎	獎			
권면할 장	爿 뷔 뽜 뽜 將 將 獎			
권장	권하여 장려함			

權	權			
권세 권	木 朾 桙 榨 榨 權 權			
座	座			
자리 좌	亠 广 广 庐 应 座 座			
권좌	통치권을 가진 자리			

拳	拳			
주먹 권	丷 ᄼ 半 失 失 巻 拳			
鬪	鬪			
싸울 투	丨 阝 阝 阼 鬥 鬪 鬪			
권투	주먹을 쓰는 운동 경기			

厥	厥			
그 궐	厂 厈 厇 屈 屈 厥 厥			
者	者			
놈 자	十 土 耂 耂 者 者 者			
궐자	'그 사람' 또는 '그'를 가벼이 쓰는 말			

龜				
본받을 귀	⺈ ⺈ 龟 龟 龜 龜 龜			
鑑				
거울 감	⺊ ⻌ 金 釒 鈩 鑑 鑑 鑑			
귀감	거울로 삼아 본받을 만한 모범			

貴				
귀할 귀	口 口 中 虫 虫 貴 貴 貴			
賤				
천할 천	川 貝 貝 肪 賎 賎 賤 賤			
귀천	귀함과 천함			

歸				
돌아올 귀	⻊ ㅌ 自 自 自 歸 歸 歸			
還				
돌아올 환	口 罒 严 罗 睘 睘 還 還			
귀환	제자리로 다시 돌아옴			

閨				
안방 규	门 門 門 門 門 門 閏 閨			
門				
집안 문	门 門 門 門 門			
규문	부녀자의 처소, 규중			

規				
법 규	二 夫 夫 刦 却 規 規			
範				
법 범	⺈ 竹 笁 笵 笵 範 範			
규범	본보기, 모범			

均				
고를 균	一 十 土 圠 均 均 均			
適				
알맞을 적	一 六 西 啇 商 商 滴 適			
균적	고르게 알맞음			

克				
이길 극	一 十 古 古 古 克			
己				
몸 기	フ コ 己			
극기	사욕을 의지로써 눌러 이김			

根				
뿌리 근	十 木 朾 朾 桐 根 根			
幹				
줄기 간	一 十 古 直 卓 斡 斡 幹			
근간	뿌리와 줄기			

僅	僅			
겨우 근	⟋ ⟋⟍ ⟋⟍⟍ 俨 俨 借 借 僅 僅			
少	少			
적을 소	⟋ 小 小 少			
근소	아주 적은 얼마 되지 않음			

謹	謹			
삼갈 근	⟋ 言 言 訐 謹 謹 謹 謹			
愼	愼			
삼갈 신	⟋ ⟋ ⟋ 忄 忄 愼 愼 愼			
근신	언행을 삼가고 조심함			

勤	勤			
부지런할 근	一 卄 廿 芦 芦 莗 堇 勤 勤			
怠	怠			
게으를 태	⟋ ⟍ ⟍ 台 台 怠 怠 怠			
근태	부지런함과 게으름			

金	金			
쇠 금	⟋ 人 合 仝 牟 余 金			
塊	塊			
덩어리 괴	土 坮 坮 坮 塊 塊 塊			
금괴	금 덩어리			

禽	禽			
날짐승 금	人 亼 今 今 仚 仚 禽 禽			
獸	獸			
길짐승 수	嘼 嘼 嘼 嘼 獸 獸 獸			
금수	날짐승과 길짐승			

禁	禁			
금할 금	一 十 木 林 林 埜 禁 禁			
慾	慾			
욕심 욕	⟋ ⟍ 谷 谷 谷 欲 慾 慾			
금욕	욕망을 억제하고 금함			

錦	錦			
비단 금	人 ⟍ 牟 金 釦 釦 錦 錦			
貝	貝			
조개 패	冂 目 貝			
금패	빛깔이 누르고 투명한 호박의 하나			

肯	肯			
수긍할 긍	上 止 止 肯 肯 肯			
定	定			
정할 정	⟋ 宀 宀 宇 定 定			
긍정	그렇다고 인정 또는 승인함			

棄				
버릴 기	一 ㄜ 产 车 卉 查 卉 棄			
却	却			
물리칠 각	一 十 土 去 去 却 却			
기각	처리 안건 등을 도로 물림			

豈	豈			
어찌 기	' 山 山 屵 岂 岂 豈 豈			
敢	敢			
감히 감	一 ㄷ 丟 耳 耳 耵 敢 敢			
기감	어찌 감히			

紀	紀			
벼리 기	' 幺 爷 糸 糸 紀 紀			
綱	綱			
벼리 강	幺 爷 糼 綱 綱 綱 綱			
기강	규율과 질서			

機	機			
기계 기	十 木 杪 桦 機 機 機			
械	械			
기계 계	十 木 朾 械 械 械			
기계	일정한 작업을 하는 장치			

奇	奇			
기이할 기	一 ナ 大 立 夻 夺 奇			
怪	怪			
괴이할 괴	、 忄 忄 怀 怀 怪 怪			
기괴	이상하고 야릇함			

祈	祈			
빌 기	一 二 亍 示 礻 祈 祈 祈			
求	求			
구할 구	一 十 ㄱ 才 求 求 求			
기구	신에게 빎			

企	企			
꾀할 기	丿 人 个 企 企 企			
圖	圖			
꾀할 도	冂 門 冏 圖 圖 圖			
기도	일을 꾸며 계획을 세움			

其	其			
그 기	一 十 廿 甘 甘 其 其			
島	島			
섬 도	户 户 自 鸟 鸟 島 島			
기도	그 섬			

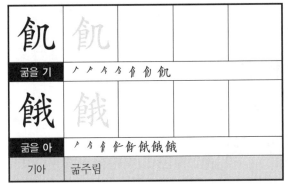

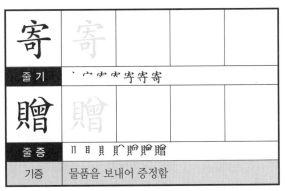

騎					
말탈 기	｜ Ｆ 馬 馬 馬ˇ 駈 騎 騎				
馬					
말 마	｜ Ｆ 馬 馬				
기마	말을 탐, 또 그 말				

起					
일어날 기	一 十 キ 走 起 起 起				
伏					
엎드릴 복	ノ イ 亻 什 伏 伏				
기복	① 성쇠(盛衰) ② 변동				

飢					
굶을 기	ノ ノ ノ 今 倉 𩙿 飢 飢				
餓					
굶을 아	ノ 今 倉 飠 飵 飵 餓 餓 餓				
기아	굶주림				

技					
재주 기	一 十 扌 打 扩 拧 技				
藝					
재주 예	艹 艹 艿 𡐦 𡐦 𡐦 藝 藝				
기예	기술상의 솜씨와 재주				

記					
적을 기	二 言 言 言 言 記 記 記				
載					
실을 재	十 士 吉 車 車 載 載 載				
기재	적어서 실음				

寄					
줄 기	丶 宀 宀 宋 宋 寄 寄 寄				
贈					
줄 증	丨 目 貝 貝 貯 贮 贈 贈				
기증	물품을 보내어 증정함				

基					
터 기	一 十 廿 甘 其 其 基 基				
礎					
주춧돌 초	ノ 石 石 磁 磁 礎 礎 礎				
기초	기본이 되는 토대				

忌					
꺼릴 기	¬ ¬ 己 忌 忌				
避					
피할 피	⼫ ⺆ ⽸ 辟 辟 辟 避 避 避				
기피	꺼리어 피함				

畿	畿			
경기 기	 玄 玄玄 玄玄 玄玄 玄玄 幾 畿 畿			
湖	湖			
호수 호	丶 氵 汁 沽 沽 湖 湖 湖			
기호	경기도·충청도 부근의 지역			

旣	旣			
이미 기	 丶 亽 白 皀 皀ᄂ 旣 旣			
婚	婚			
혼인할 혼	乚 夊 女 妒 妖 姂 婚 婚			
기혼	이미 혼인함			

緊	緊			
움츠릴 긴	一 丆 丏 臣 臣刁 取 取 緊			
縮	縮			
줄 축	乚 幺 糸 紵 紵 縮 縮			
긴축	바짝 줄임			

吉	吉			
길할 길	一 十 士 吉 吉 吉			
地	地			
땅 지	一 十 圡 坩 地 地			
길지	지덕이 좋은 집터나 묏자리			

那	那			
어찌 나	 刁 刁 刃 尹 那 那			
邊	邊			
가 변	丶 亽 白 臱 臱 臱 湯 邊			
나변	① 그곳 ② 어디			

難	難			
어려울 난	一 廾 苩 茞 蓂 蓽 難 難 難			
忘	忘			
잊을 망	丶 亠 亡 忘 忘			
난망	잊기 어려움, 잊지 못함			

男	男			
사내 남	丶 口 口 田 田 甼 男			
女	女			
여자 녀	乚 夊 女			
남녀	남자와 여자			

內	內			
안 내	冂 内 内			
野	野			
들 야	冂 日 甲 里 野 野 野			
내야	야구에서 홈·1·2·3루 구역 안			

乃				
이에 내	ノ乃			
至				
이를 지	一 厶 亙 조 至			
내지	얼마에서 얼마까지			

奈				
어찌 내	一 ナ 大 太 本 李 奈			
何				
어찌 하	ノ イ 亻 亻 何 何 何			
내하	어떠함, 어떠하랴			

努				
힘쓸 노	ㄴ 女 女 如 奴 努 努			
力				
힘 력	フ 力			
노력	애를 쓰고 힘을 들임			

奴				
사내종 노	女 女 如 奴			
婢				
계집종 비	ㄴ 女 女 妒 妒 婶 婢 婢			
노비	사내종과 계집종의 총칭			

怒				
성낼 노	ㄴ 女 女 如 奴 怒 怒			
號				
부르짖을 호	口 吕 号 号 虎 號 號			
노호	성내어 소리 지름			

農				
농사 농	口 曰 曲 曲 芦 豊 農 農			
耕				
밭갈 경	一 三 丰 耒 耒 耕 耕			
농경	논밭을 갈아 농사를 지음			

濃				
짙을 농	氵 氵 氵 浐 浐 浐 濃 濃			
淡				
묽을 담	丶 氵 氵 氵 氵 淡 淡 淡			
농담	짙음과 묽음			

腦				
뇌 뇌	刀 月 月 胗 胗 胗 腦			
炎				
염증 염	丶 丷 火 火 炎			
뇌염	뇌에 염증이 생기는 병			

能	能			
능할 능	ㄙ 厶 育 育 育' 能' 能 能			
率	率			
비율 률	亠 玄 玄 玄 玄 玄 率			
능률	일정한 시간에 해낼 수 있는 일			

泥	泥			
진흙 니	丶 氵 氵 氵 沪 泥 泥			
巖	巖			
바위 암	山 屵 嵒 嵓 嵓 巖 巖			
니암	진흙이 쌓여서 된 암석			

多	多			
많을 다	ノ ク タ 夕 多 多			
寡	寡			
적을 과	宀 宀 宀 宣 寘 寡 寡			
다과	수효의 많음과 적음			

茶	茶			
차 다	艹 艹 艾 艾 苳 茶 茶			
房	房			
방 방	丶 ヨ 户 户 户 房 房			
다방	차를 마시며 쉴 수 있는 곳			

端	端			
실마리 단	丶 亠 立 立' 竘 竘 端			
緒	緒			
실마리 서	幺 糸 紅 紗 緒 緒 緒			
단서	일의 처음이나 실마리			

旦	旦			
아침 단	丨 冂 日 日 旦			
夕	夕			
저녁 석	ノ ク 夕			
단석	아침과 저녁			

斷	斷			
끊을 단	幺 丝 丝 𢆶 𢇍 斷 斷			
續	續			
이을 속	幺 糸 紅 續 續 續 續			
단속	끊어졌다 이어졌다 함			

丹	丹			
붉을 단	刀 月 丹			
粧	粧			
단장할 장	丷 丷 米 粁 粧 粧 粧			
단장	얼굴 · 머리를 곱게 꾸밈			

但	但			
다만 단	ノ 亻 亻 但 但 但			

只	只			
다만 지	丶 口 口 尸 只			
단지	① 다만 ② 겨우			

短	短			
짧을 단	ノ 느 矢 矢 知 短 短			

針	針			
바늘 침	ノ 스 午 金 金 金 針			
단침	시계의 짧은 바늘, 시침			

擔	擔			
멜 담	扌 扌 扩 扩 擔 擔 擔			

當	當			
일 담당할 당	丶 ⺌ ⺌ 严 严 常 當 當			
담당	어떤 일을 넘겨 맡음			

踏	踏			
밟을 답	口 口 足 趵 趵 踏 踏			

査	査			
조사할 사	十 木 木 杏 杏 杏 査			
답사	실제 가서보고 조사함			

糖	糖			
사탕 당	丶 ⺀ 半 米 粁 粐 糖 糖			

類	類			
무리 류	丶 ⺀ 半 米 籵 籾 麵 類			
당류	단맛이 있는 탄수화물 종류			

唐	唐			
당나라 당	亠 广 户 户 庐 唐 唐			

詩	詩			
시 시	亠 ⺌ 言 計 詰 詩 詩			
당시	당나라 때의 시인이 지은 시			

代	代			
대신할 대	ノ 亻 亻 代 代			

償	償			
갚을 상	亻 亻 伫 償 償 償 償			
대상	남을 대신하여 갚아 줌			

大	大			
큰 대	一 ナ 大			

暑	暑			
더위 서	口 日 甼 昇 暑 暑 暑			
대서	심한 더위			

對	對				
대할 대	〃 〃 ⺍ ⺍ 业 丵 對 對				
酌	酌				
따를 작	一 ㄇ 酉 酉 酌 酌				
대작	마주 대하여 술을 마심				

貸	貸				
빌릴 대	丿 亻 代 代 代 岱 貸 貸				
借	借				
빌릴 차	丿 亻 亻 借 借 借 借				
대차	꾸어 줌과 꾸어 옴				

陶	陶				
질그릇 도	丿 阝 阝 阝 阣 陶 陶				
工	工				
장인 공	一 工 工				
도공	옹기를 만드는 사람				

到	到				
이를 도	一 厶 厶 至 至 到				
達	達				
이를 달	十 土 产 幸 幸 達 達				
도달	목적한 곳에 다다름				

跳	跳				
뛸 도	口 卫 卫 町 町 跳 跳				
梁	梁				
들보 량	汀 汈 汈 汯 梁 梁 梁				
도량	거리낌 없이 함부로 날뜀				

桃	桃				
복숭아 도	十 木 木 材 材 桃 桃				
李	李				
오얏 리	一 十 才 木 本 李 李				
도리	복숭아와 오얏				

逃	逃				
달아날 도	丿 寸 兆 兆 桃 逃				
亡	亡				
도망할 망	丶 亠 亡				
도망	피하거나 쫓기어 달아남				

渡	渡				
건널 도	氵 汀 汀 沪 沪 涉 渡				
涉	涉				
건널 섭	氵 氵 沙 涉 涉 涉 涉				
도섭	물을 건넘				

稻	稻			
벼 도	二 禾 禾 秆 秆 稻 稻 稻			
雲	雲			
구름 운	一 宀 天 雪 雲 雲 雲 雲			
도운	넓은 들판을 뒤덮은 벼			

挑	挑			
돋울 도	亅 扌 扌 扎 扎 挑 挑			
戰	戰			
싸움 전	ᵒ ᵒᵒ 閂 匿 單 戰 戰			
도전	싸움을 걸거나 돋움			

毒	毒			
해칠 독	二 士 主 青 青 青 毒			
蛇	蛇			
뱀 사	口 虫 虫 虫 虵 虵 蛇			
독사	이빨에 독이 있는 뱀			

獨	獨			
홀로 독	丿 犭 犭 犸 犸 獨 獨			
創	創			
비롯할 창	人 今 今 今 倉 倉 創			
독창	혼자의 힘으로 창조함			

督	督			
재촉할 독	卜 十 未 叔 叔 督 督			
促	促			
재촉할 촉	丿 亻 伫 伫 促 促 促			
독촉	독려하여 재촉함			

豚	豚			
돼지 돈	丿 刀 月 肜 肟 豚 豚			
犬	犬			
개 견	一 ナ 大 犬			
돈견	돼지와 개			

敦	敦			
도타울 돈	一 亠 古 享 享 敦 敦			
篤	篤			
도타울 독	丿 ᵏ 竹 管 笞 篤 篤			
돈독	인정이 두터움			

凍	凍			
얼 동	丶 丶 冫 冫 冻 冻 凍			
結	結			
엉길 결	幺 乡 糸 糸 紂 結 結			
동결	얼어붙음			

冬				
겨울 동	ノ ク 冬 冬 冬			
嶺				
재 령	산 严 岩 嵩 嵩 嶺 嶺			
동령	겨울철 산봉우리			

洞				
고을 동	丶 氵 汩 洞 洞 洞			
里				
마을 리	丨 口 日 甲 里 里			
동리	마을			

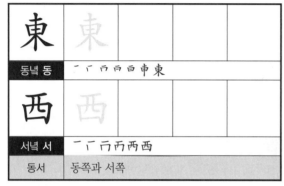

東				
동녘 동	一 戸 后 百 申 東			
西				
서녘 서	一 广 戸 西 西 西			
동서	동쪽과 서쪽			

銅				
구리 동	ノ 乍 午 金 釘 銅 銅			
錢				
돈 전	ノ 午 金 釘 錢 錢 錢			
동전	구리로 만든 돈			

動				
움직일 동	ノ 午 斤 重 重 動 動			
靜				
고요할 정	一 圭 青 青 青 靜 靜			
동정	사태가 벌어져 가는 낌새			

同				
한가지 동	丨 冂 冂 同 同 同			
胞				
동포 포	ノ 丿 月 月 胪 胞 胞			
동포	① 형제자매 ② 같은 겨레			

童				
아이 동	一 立 产 音 音 童 童			
話				
이야기 화	一 言 言 計 許 話 話			
동화	어린이를 위해서 지은 이야기			

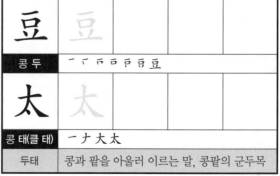

豆				
콩 두	一 戸 戸 戸 豆 豆			
太				
콩 태(클 태)	一 ナ 大 太			
두태	콩과 팥을 아울러 이르는 말, 콩팥의 군두목			

得	得			
얻을 득	ク イ イ 汽 得 得 得			
失	失			
잃을 실	ヒ 二 牛 失			
득실	얻음과 잃음			

等	等			
등급 등	一 ケ ゲ 竺 笙 等 等			
級	級			
등급 급	幺 牟 糸 糾 紉 級 級			
등급	높낮이의 차례			

登	登			
올릴 등	フ ダ グ 癶 啓 啓 登			
庸	庸			
쓸 용	广 广 戸 肩 肩 肩 庸			
등용	인재를 골라 뽑아 씀			

羅	羅			
벌일 라	冖 四 罒 罗 睪 羅 羅			
列	列			
벌일 렬	一 ア 歹 歹 列 列			
나열	죽 벌여 놓음			

洛	洛			
물 락	氵 氵 氵 沙 汝 洛 洛			
花	花			
꽃 화	一 卄 艹 艻 花 花 花			
낙화	모란의 별칭			

爛	爛			
난만할 란	` 火 火 炉 炉 爛 爛 爛			
漫	漫			
찰 만	氵 氵 沪 沪 浬 漫 漫			
난만	꽃이 만발하여 화려함			

濫	濫			
함부로 람	氵 氵 沪 沪 湴 濫 濫			
用	用			
쓸 용	丿 刀 月 月 用			
남용	함부로 마구 씀			

郞	郞			
남편 랑	` ∃ 自 良 良 郞 郞			
君	君			
남편 군	一 ユ 寻 尹 尹 君 君			
낭군	아내가 남편을 일컫는 말			

朗	朗			
밝을 랑	³ ₿ ₿ 良 卣 朗 朗			
報	報			
알릴 보	⼟ ⼟ 幸 幸ʾ 郣 報 報			
낭보	밝고 즐거운 소식			

掠	掠			
노략질할 략	⼀ ⼟ 扩 护 护 掠 掠			
奪	奪			
빼앗을 탈	一 六 本 奞 奞 奪 奪			
약탈	폭력을 써서 빼앗음			

糧	糧			
양식 량	⸚ 十 米 粐 糈 糧 糧 糧			
穀	穀			
곡식 곡	⼟ 声 幸 幸 橐 穀 穀			
양곡	양식으로 쓰는 곡식			

兩	兩			
두 량	一 冂 币 币 兩 兩 兩			
班	班			
나눌 반	王 王 玨 班 斑 班			
양반	지체나 신분이 높은 사람			

諒	諒			
살필 량	⸜ 言 訁 訙 訡 諒 諒			
察	察			
살필 찰	宀 宀 宊 宊 究 察 察			
양찰	생각하여 미루어 살핌			

旅	旅			
나그네 려	⸜ ⼓ 方 放 旅 旅			
館	館			
집 관	⼂ 今 飠 飮 舘 舘 館			
여관	나그네를 묵게 하는 집			

曆	曆			
책력 력	一 厂 厃 厤 厤 曆 曆			
法	法			
법 법	⸏ ⼆ 氵 浐 法 法			
역법	책력에 관한 여러 가지 법칙			

連	連			
짝지을 련	一 冖 日 亘 車 連 連			
絡	絡			
이을 락	⼂ 乡 糸 糽 絃 絡 絡			
연락	서로 관련을 가짐			

聯	聯			
연할 련	「 耳 耶 聠 聮 聯 聯 聯			
盟	盟			
맹세할 맹	冂 日 盯 明 明 明 盟			
연맹	공동 목적을 가진 조직체			

戀	戀			
사모할 련	亠 言 綰 綰 綜 戀 戀			
慕	慕			
사모할 모	艹 苩 莫 莫 慕 慕			
연모	사랑하여 그리워함			

鍊	鍊			
단련할 련	人 金 釦 鉬 鍊 鍊 鍊			
武	武			
날랠 무	二 干 干 武 武 武 武			
연무	무예를 단련함			

憐	憐			
가련할 련	忄 忄 忄 憐 憐 憐 憐			
憫	憫			
가련할 민	忄 忄 忄 憫 憫 憫 憫			
연민	불쌍하고 가련히 여김			

蓮	蓮			
연꽃 련	艹 艹 苩 苩 董 蓮 蓮			
葉	葉			
잎사귀 엽	艹 艹 苹 苹 苹 葦 葉			
연엽	연 잎사귀			

烈	烈			
절개굳을 렬	一 丆 歹 歹 列 列 烈			
士	士			
선비 사	一 十 士			
열사	절개가 굳은 사람			

廉	廉			
청렴할 렴	亠 广 产 庐 庐 庿 廉			
恥	恥			
부끄러울 치	丁 下 下 耳 耳 耻 恥			
염치	청렴하여 수치를 아는 마음			

零	零			
작을 령	广 乕 乕 乘 乘 零 零			
細	細			
가늘 세	幺 糸 糸 紃 細 細 細			
영세	썩 작고 변변하지 못함			

靈	靈				
신령 령	宀雨雨雨雨雪雪靈				
魂	魂				
넋 혼	二云 动动魂魂魂				
영혼	넋				

禮	禮				
예도 례	二示和神禮禮禮				
儀	儀				
거동 의	亻亻仹伴佯儀儀				
예의	예절과 몸가짐				

老	老				
늙을 로	一十土耂老老				
娘	娘				
어머니 낭	乚乄女女奶妒娘娘				
노낭	① 부인 ② 산파				

勞	勞				
수고로울 로	⸜⸝炒炒勞勞				
賃	賃				
품팔이 임	亻仁任佇賃賃賃				
노임	품삯				

樓	樓				
다락 루	十才杧柑樓樓樓				
閣	閣				
누각 각	門門門閂閉閣閣				
누각	사방이 보이게 높이 지은 집				

累	累				
여러 루	丨口田田累累累				
卵	卵				
알 란	⸜乚乚卪卯卯卵				
누란	쌓아 놓은 새 알				

漏	漏				
샐 루	氵氵沪渥漏漏漏				
電	電				
전기 전	一户币雨雷雷電				
누전	절연이 잘못되어 전기가 새나감				

屢	屢				
여러 루	二尸戸層屢屢屢				
條	條				
조목 조	亻亻伩攸條條條				
누조	여러 가지 조목				

六	六			
여섯 륙	 `丶一六六`			
洲	洲			
대륙 주	`丶氵氵汌洲洲洲洲`			
육주	여섯 대륙, 전 세계			

栗	栗			
밤 률	 `一一一一西西平栗`			
梨	梨			
배 리	`一一千禾利梨梨`			
율리	밤과 배			

隆	隆			
성할 륭	`阝阝阼降降降隆`			
替	替			
쇠퇴할 체	`一夫夫夫替替替`			
융체	성함과 쇠함			

吏	吏			
아전 리	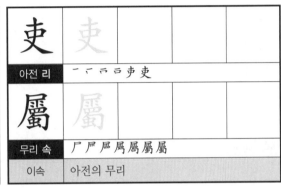 `一一一百吏吏`			
屬	屬			
무리 속	`尸尸屋属屬屬屬`			
이속	아전의 무리			

隣	隣			
이웃 린	`阝阝阼陜隣隣隣`			
郡	郡			
고을 군	`ㄱㅋ尹君君郡郡`			
인군	이웃 고을			

莫	莫			
없을 막	`一艹艹苩苜莫莫`			
上	上			
위 상	`丨卜上`			
막상	더 위는 없음			

蠻	蠻			
오랑캐 만	 `言絲絲絲戀蠻蠻`			
勇	勇			
날랠 용	`フマ丙丙甬勇勇`			
만용	주책없이 날뛰는 용맹			

滿	滿			
찰 만	 `氵汁汁浩滿滿滿`			
潮	潮			
조수 조	`氵氵汐沽淖潮潮`			
만조	꽉 차게 들어왔을 때의 밀물			

罔	罔			
없을 망	丨冂冂冋冈罔罔罔			
極	極			
지극할 극	十才木杧極極極			
망극	은혜나 슬픔이 그지없음			

妄	妄			
망령될 망	丶亠亡妄妄妄			
言	言			
말씀 언	丶亠宀言言言言			
망언	망령된 말			

梅	梅			
매화 매	一十才村梅梅梅			
蘭	蘭			
난초 란	艹芦芦蕑蘭蘭蘭蘭			
매란	매화와 난초			

賣	賣			
팔 매	一士吉声壽賣賣			
買	買			
살 매	丨罒罒罒胃買買			
매매	물건을 팔고 사고 함			

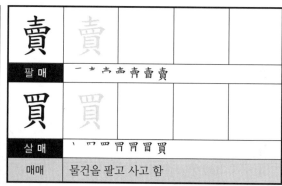

每	每			
매양 매	广仁与每每每			
樣	樣			
모양 양	木樣樣樣樣樣樣			
매양	번번이, 언제든지, 늘			

埋	埋			
묻을 매	十土圱坍坍埋埋			
葬	葬			
장사 장	一艹艹茻茐葬葬			
매장	죽은 사람을 땅에 묻음			

猛	猛			
사나울 맹	丿才才犷犷猛猛			
襲	襲			
엄습할 습	亠育育龍龍龑襲			
맹습	맹렬한 습격			

盲	盲			
몽매할 맹	亠宀宁盲盲盲盲			
信	信			
믿을 신	丿イ仁信信信信			
맹신	덮어놓고 믿음			

勉 힘쓸 면	´ ´ ´ ´ 各 免 免 勉	
勵 힘쓸 려	厂 产 厉 厲 厲 勵 勵	
면려	스스로 힘씀	

綿 잇닿을 면	´ 糸 糸 約 綿 綿 綿	
延 이을 연	´ ´ ´ 正 延 延 延	
면연	끊임없이 이어 늘임	

冥 저승 명	´ ´ ´ 宀 冝 冝 冥 冥	
鬼 귀신 귀	´ ´ 白 白 白 鬼 鬼 鬼	
명귀	저승에 있다고 하는 귀신	

名 이름 명	´ ´ ク タ 名 名	
譽 기릴 예	曰 曱 曲 與 與 譽 譽	
명예	사람의 사회적인 평가 또는 가치	

謀 꾀할 모	` ´ ´ 言 訃 訝 謀 謀	
叛 배반할 반	´ ´ ´ ´ ´ ´ 叛 叛	
모반	배반하여 역모함	

模 본뜰 모	´ ´ 木 柑 柑 柑 模 模	
倣 본받을 방	´ ´ ´ 付 佇 佇 倣	
모방	본뜨거나 본받음	

募 모을 모	´ ´ ´ 苗 莫 募 募	
兵 군사 병	´ ´ ´ 丘 丘 兵 兵	
모병	병정을 모집함	

矛 창 모	´ ´ ス 予 矛	
盾 방패 순	厂 厂 厈 所 盾 盾 盾	
모순	말이나 행동의 앞뒤가 맞지 않음	

沐	沐			
머리감을 목	```ヽ ヽ シ 氵 汁 汴 沐```			
浴	浴			
목욕할 욕	```ヽ シ 氵 汴 浴 浴 浴```			
목욕	머리를 감고 몸을 씻는 일			

木	木			
나무 목	```一 十 才 木```			
材	材			
재목 재	```一 十 才 木 木 材 材```			
목재	건축에 쓰이는 나무의 재료			

牧	牧			
목동 목	```ノ 十 牛 牛 牧 牧 牧```			
笛	笛			
피리 적	```ト ケ 竹 竹 竹 笛 笛```			
목적	목자나 목동이 부는 피리			

沒	沒			
빠질 몰	```ヽ ヽ シ 氵 沪 沪 沒```			
我	我			
나 아	```ノ 二 千 手 我 我 我```			
몰아	자기를 몰각한 상태			

卯	卯			
토끼 묘	```ノ ㄈ ㅌ 卯 卯```			
酉	酉			
닭 유	```一 丆 厉 西 西 酉 酉```			
묘유	지지가 '卯'와 '酉'인 해			

茂	茂			
무성할 무	```ユ サ サ 艿 茫 茂 茂```			
盛	盛			
성할 성	```厂 厈 成 成 成 盛 盛 盛```			
무성	풀이나 나무가 우거짐			

戊	戊			
천간 무	```ノ 厂 戊 戊 戊```			
戌	戌			
개 술	```ノ 厂 厈 戌 戌 戌```			
무술	육십갑자의 서른다섯 번째			

貿	貿			
무역할 무	```ノ ᄂ 卯 卯 卯 貿 貿```			
易	易			
바꿀 역	```口 曰 日 月 馬 易 易```			
무역	외국과 상품을 교환·거래함			

默				
말없을 묵	冂口日甲里黑默默			
念				
생각 념	ノ人入今今念念念			
묵념	묵묵히 생각에 잠김			

	問			
問				
물을 문	｜冂冂冂門門問問			
答				
대답할 답	＾人竹竺笁答答			
문답	물음과 대답			

	聞			
聞				
들을 문	冂冂門門閂閂閂聞			
音				
소리 음	一ㅗ立立产音音音			
문음	소리를 들음			

勿				
말 물	ノ勹勹勿			
論				
논의할 론	㇈言言言諭諭論論			
물론	더 말할 것도 없이			

微				
묘할 미	彳彳彳微微微微			
妙				
묘할 묘	乀女女女如妙妙			
미묘	야릇해서 잘 알 수 없음			

	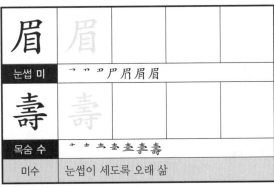			
眉				
눈썹 미	乛乛尸尸尸眉眉			
壽				
목숨 수	一士士壴圭圭壽壽			
미수	눈썹이 세도록 오래 삶			

	美			
美				
아름다울 미	＾丷半半兰美美			
醜				
추할 추	厂两酉酉酉酗醜醜			
미추	아름다움과 추함			

	迷			
迷				
미혹할 미	丶丷丷半米诛迷			
惑				
미혹할 혹	一一或或或惑惑			
미혹	홀려서 정신을 못 차림			

拍	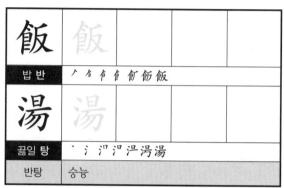		
손뼉칠 박	一 才 扌 扩 拍 拍 拍		
手			
손 수	二 三 手		
박수	손뼉을 침		

返			
돌이킬 반	一 厂 厂 反 返 返		
納			
들일 납	' 幺 糸 糸 紀 納		
반납	꾼 것을 다시 돌려 줌		

盤			
큰 돌 반	丿 月 舟 舟 般 般 盤		
石			
돌 석	一 丁 不 石 石		
반석	넓고 편편하게 된 큰 돌		

飯			
밥 반	丿 今 𩙿 食 飣 飯 飯		
湯			
끓일 탕	丶 氵 氵 沪 浔 浔 湯 湯		
반탕	숭늉		

反			
돌이킬 반	一 厂 厂 反		
響			
울릴 향	乡 纩 绅 绅 绅 缫 響		
반향	반사되어 다시 들리는 현상		

發			
떠날 발	丿 戸 戸 癶 癸 發 發 發		
着			
붙을 착	丷 丷 羊 着 着 着 着		
발착	출발과 도착		

傍			
곁 방	亻 仁 侉 侉 倬 傍		
觀			
볼 관	艹 芷 萑 雚 鸛 觀 觀		
방관	곁에서 보고만 있음		

放			
놓을 방	一 亠 方 扩 扩 扩 放		
恣			
방자할 자	丶 冫 次 次 次 恣 恣		
방자	태도가 제멋대로 교만함		

芳	芳			
꽃다울 방	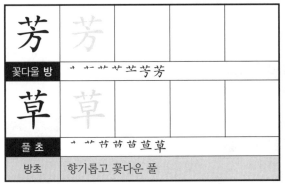			
草	草			
풀 초				
방초	향기롭고 꽃다운 풀			

方	方			
방위 방	`ㆍ ㅗ 方 方`			
寸	寸			
치 촌	`一 寸 寸`			
방촌	① 사방 한 치 ② 마음			

妨	妨			
방해할 방				
害	害			
해칠 해				
방해	남의 일에 훼방을 놓음			

倍	倍			
곱 배				
加	加			
더할 가	`ㄱ 力 加 加 加`			
배가	갑절로 늘임			

背	背			
등 배				
泳	泳			
헤엄칠 영				
배영	위를 향해 누워서 치는 헤엄			

排	排			
물리칠 배				
斥	斥			
물리칠 척	`ㆍ ㄏ ㄐ 斥 斥`			
배척	반대하여 물리침			

配	配			
짝 배	`一 冂 兀 酉 酉 酉 配`			
匹	匹			
짝 필	`一 ㄷ 兀 匹`			
배필	부부로 되는 짝			

白	白			
흰 백	`ㆍ ㆍ 白 白 白`			
髮	髮			
머리털 발	`一 丆 镸 髟 髟 髪 髮`			
백발	하얗게 센 머리카락			

百	百			
일백 백	一 丆 丆 丆 百 百			
姓	姓			
백성 성	女 女 女 女 姓 姓 姓			
백성	일반 국민의 예스러운 말			

伯	伯			
맏 백	丿 亻 亻 亻 伯 伯 伯			
氏	氏			
성씨 씨	一 丆 丘 氏			
백씨	남의 맏형의 존댓말			

煩	煩			
번민할 번	丶 丷 少 灯 炉 煩 煩			
惱	惱			
번뇌할 뇌	丶 忄 忄 忄 惱 惱 惱			
번뇌	마음이 시달려서 괴로움			

飜	飜			
번역할 번	乎 乹 番 番 番 飜 飜 飜			
譯	譯			
번역할 역	言 訂 訳 譯 譯 譯 譯			
번역	글을 다른 나라말로 옮김			

繁	繁			
번성할 번	乛 乞 每 敏 敏 繁 繁			
昌	昌			
창성할 창	冂 曰 日 旦 昌 昌 昌			
번창	번화하고 창성함			

汎	汎			
넓을 범	丶 丶 氵 氿 汎 汎			
愛	愛			
사랑 애	丿 爫 爫 恶 恶 愛 愛			
범애	모든 이를 차별 없이 사랑함			

碧	碧			
푸를 벽	二 王 珀 珀 碧 碧 碧			
溪	溪			
시내 계	氵 氵 汐 溪 溪 溪 溪			
벽계	물빛이 푸르고 맑은 시내			

辨	辨			
분별할 변	二 立 立 争 郣 辨 辨			
理	理			
다스릴 리	二 王 珇 理 理 理 理			
변리	일을 맡아 분별 있게 처리함			

變	變				
변할 변	⺀ 言 給 結 絲 絲 變				
貌	貌				
모양 모	⺈ ∠ 豸 豹 豹 貌				
변모	모습이 변함, 또 그 모습				

辯	辯				
말잘할 변	⺀ 言 音 弟 辭 辯				
才	才				
재주 재	一 十 才				
변재	말을 잘하는 재주				

病	病				
병 병	一 广 疒 疒 病 病 病				
菌	菌				
곰팡이 균	艹 芇 芮 芮 菌 菌				
병균	병을 일으키는 세균				

竝	竝				
나란히 병	亠 立 竝 竝 竝 竝				
立	立				
설 립	亠 六 立				
병립	나란히 함께 섬				

丙	丙				
천간 병	一 丆 丙 丙 丙				
寅	寅				
지지 인	宀 宀 宀 宙 宙 寅				
병인	육십갑자의 셋째				

屛	屛				
병풍 병	尸 尸 屛 屛 屛 屛				
風	風				
바람 풍	丿 几 凡 風 風 風 風				
병풍	방안에 둘러치는 물건				

寶	寶				
보배 보	宀 宀 宀 宇 審 審 寶				
劍	劍				
칼 검	人 刂 刽 刽 刽 刽 劍				
보검	보배로운 칼				

普	普				
널리 보	丷 丷 並 並 普 普				
及	及				
미칠 급	丿 ヲ 乃 及				
보급	세상에 널리 퍼지게 함				

保	保			
지킬 보	⺅ ⺅ ⺅ 伊 伊 保 保			
衛	衛			
지킬 위	⼻ ⼿ 律 律 律 衛 衛			
보위	보전하여 지킴			

補	補			
도울 보	⼀ ⼿ ⼿ ⼿ 衤 補 補			
佐	佐			
도울 좌	ノ ⼈ ⼈ ⼈ 仕 佐 佐			
보좌	상관을 도와 일을 처리함			

復	復			
회복할 복	ノ ⼻ ⼻ 浐 復 復 復			
舊	舊			
옛 구	⺯ 萑 萑 雈 舊 舊 舊			
복구	본래의 상태로 회복함			

卜	卜			
점 복	⼁ 卜			
術	術			
재주 술	⼻ ⼻ 什 徘 徘 術 術			
복술	점을 치는 술법			

複	複			
겹칠 복	⼀ ⼿ ⼿ ⼿ 袍 裉 複			
雜	雜			
섞일 잡	⼀ ⼚ 杂 剎 斜 雜 雜			
복잡	여러 내용이 뒤얽혀 있어 어수선함			

峯	峯			
봉우리 봉	⼀ ⼭ ⼭ 少 苓 峯 峯			
頭	頭			
머리 두	⼀ ⼝ 豆 豆 頭 頭 頭			
봉두	산봉우리의 맨 꼭대기			

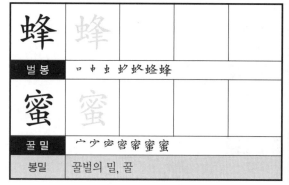

蜂	蜂			
벌 봉	⼝ 中 虫 虬 蚁 蜂 蜂			
蜜	蜜			
꿀 밀	⼧ ⼧ 宓 宓 蜜 蜜 蜜			
봉밀	꿀벌의 밀, 꿀			

逢	逢			
만날 봉	⼆ ⼄ 冬 全 峯 逢 逢			
別	別			
헤어질 별	⼁ ⼝ ⼝ 号 另 別 別			
봉별	만남과 헤어짐			

封				
쌓을 봉	十土圭圭圭封封			
墳				
무덤 분	十圭圹圹增墳墳			
봉분	흙을 쌓아 올려 무덤을 만듦			

奉				
받들 봉	二三声夫夫奏奉			
仕				
섬길 사	ノイ仁什仕			
봉사	사회를 위하여 헌신적으로 일함			

鳳				
봉황 봉	ノ几几凡凤凤鳳鳳			
枕				
베개 침	十才才村杭枕			
봉침	봉황의 형상을 수놓은 베개			

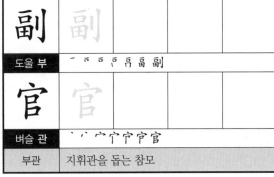

副				
도울 부	一戸戸冨高副副			
官				
벼슬 관	丶宀宀宁官官官			
부관	지휘관을 돕는 참모			

父				
아버지 부	′ハグ父			
母				
어머니 모	乙母母母母			
부모	아버지와 어머니			

夫				
남편 부	一二夫夫			
婦				
아내 부	女女女妇婦婦婦			
부부	남편과 아내			

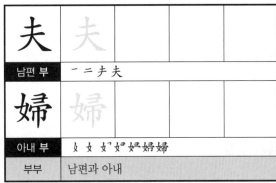

府				
고을 부	一广广庁府府府			
使				
벼슬이름 사	ノイ仁仁仁使使			
부사	고려와 조선 때의 지방 관직			

部				
나눌 부	立产音音部部			
署				
관청 서	罒罒里累署署署			
부서	근무상 나누어진 부분			

賦					
거둘 부	冂 目 貝 貯 貯 賦 賦				
役					
부릴 역	丿 彳 彳 彳 役 役				
부역	국민에게 의무적으로 지우는 노역				

赴					
다다를 부	十 土 耂 走 赴 赴				
任					
맡길 임	丿 亻 仁 仟 任				
부임	임명을 받아 임지로 감				

符					
부적 부	𠂉 竹 竹 符 符 符				
籍					
문서 적	竹 笙 籍 籍 籍 籍				
부적	악귀·재앙을 쫓기위한 물건				

扶					
도울 부	一 十 扌 扌 扶 扶				
助					
도울 조	冂 𠃌 月 且 助 助				
부조	남을 물질적으로 도와 줌				

付					
붙일 부	丿 亻 亻 付 付				
紙					
종이 지	幺 幺 糸 紅 紙 紙				
부지	얇은 종이를 겹으로 붙인 종이				

浮					
뜰 부	丶 氵 氵 浮 浮 浮 浮				
沈					
잠길 침	丶 冫 氵 氵 沙 沈				
부침	떠오름과 잠김				

分					
나눌 분	丿 八 分 分				
裂					
흩어질 렬	一 丆 歹 列 裂 裂 裂				
분열	갈라져 나뉨				

粉					
가루 분	丶 䒑 半 米 粉 粉 粉				
末					
가루 말	一 二 十 才 末				
분말	가루				

奔			
분주할 분	一 ナ 大 本 本 夲 奔		
忙			
바쁠 망	ヽ 丶 忄 忙 忙		
분망	매우 부산하고 바쁨		

紛			
어지러울 분	ㄴ 幺 乡 糸 糹 紛 紛 紛		
爭			
다툴 쟁	ノ ハ ぐ 岈 岁 争 爭		
분쟁	복잡하게 엉킨 다툼질		

不			
아니 불	一 ブ オ 不		
敏			
민첩할 민	ﾉ ㇐ 右 每 每 敏 敏		
불민	어리석고 둔해 민첩하지 못함		

佛			
부처 불	ノ イ イ 仔 侶 侶 佛		
寺			
절 사	一 十 土 吉 吉 寺		
불사	절		

崩			
무너질 붕	' 屵 屵 屵 崩 崩 崩		
壞			
무너질 괴	土 圵 坤 壞 壞 壞 壞		
붕괴	허물어져 무너짐		

朋			
벗 붕	ノ 刀 刀 月 朋 朋 朋		
友			
벗 우	一 ナ 方 友		
붕우	벗		

比			
견줄 비	㇐ 乚 し 比		
較			
견줄 교	一 厅 亘 車 軒 軒 較		
비교	둘을 서로 견주어 봄		

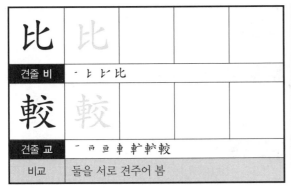

肥			
거름 비	月 月 月 月' 肥' 肥' 肥 肥		
料			
감료	ヽ ソ 丬 半 米 米 料 料		
비료	토질 향상을 위해 주는 영양 물질		

碑	碑			
비석 비	ㄱ 石 矼 砷 砷 碑 碑			
銘	銘			
새긴글 명	㇒ 牟 金 釒 釤 釒 銘			
비명	비석에 새긴 글			

祕	祕			
비밀할 비	二 示 礻 初 祕 祕 祕			
密	密			
비밀할 밀	宀 宀 宓 宓 宓 密 密			
비밀	숨기어 알리지 않은 일			

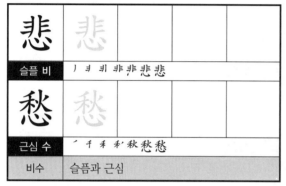

悲	悲			
슬플 비	㇒ ㇕ 扌 非 非 悲 悲			
愁	愁			
근심 수	㇒ 千 禾 利 秋 愁 愁			
비수	슬픔과 근심			

鼻	鼻			
처음 비	㇒ 白 鼻 昌 畠 鼻 鼻			
祖	祖			
할아비 조	二 丁 礻 礻 和 祖 祖			
비조	시조, 원조			

批	批			
비평할 비	一 寸 扌 扌 扗 批 批			
評	評			
평론할 평	㇒ 言 言 評 評 評 評			
비평	사물의 시비·장단을 논하는 일			

飛	飛			
날 비	㇟ ㇏ 飞 飛 飛 飛 飛			
火	火			
불 화	丶 丶 少 火			
비화	뛰어 박히는 불똥			

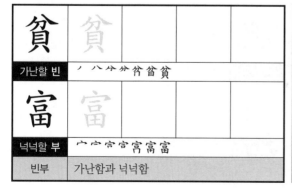

貧	貧			
가난할 빈	㇒ 八 分 分 谷 省 貧			
富	富			
넉넉할 부	宀 宀 宀 宣 富 富 富			
빈부	가난함과 넉넉함			

頻	頻			
자주 빈	㇑ 止 步 步 頻 頻 頻			
數	數			
자주 삭	串 昌 書 婁 婁 數 數			
빈삭	매우 잦음			

氷			
얼음 빙	丿丿刁氷氷		
炭			
숯 탄	炭 stroke order		
빙탄	얼음과 숯, 부조화		

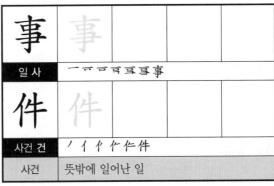

事			
일 사	一 一 一 一 一 一 事		
件			
사건 건	丿亻亻仁件件		
사건	뜻밖에 일어난 일		

邪			
간사할 사	一 一 一 牙 牙 邪邪		
見			
볼 견	丨冂冂目目貝見		
사견	요사스럽고 바르지 못한 의견		

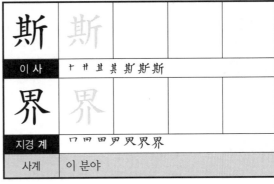

斯			
이 사	一 一 一 其 斯 斯 斯		
界			
지경 계	口 田 田 田 界 界 界		
사계	이 분야		

詐			
속일 사	一 一 言 言 詐 詐 詐		
欺			
속일 기	一 一 甘 甘 其 欺 欺		
사기	나쁜 꾀로 남을 속임		

沙			
모래 사	丶丶丶氵汀沙沙沙		
漠			
사막 막	氵氵氵汁漠漠漠漠		
사막	까마득하게 크고 넓은 모래벌판		

私			
사사 사	丿二千千禾私私		
腹			
배 복	月月腹腹腹腹腹腹		
사복	사리만을 차리는 뱃속		

寫			
베낄 사	丶宀宀宇宇寫寫		
本			
책 본	一十才木本		
사본	원본을 그대로 베낌		

賜	賜				
줄 사	⺀ ⺀ 貝 貝 貝 貯 貼 賜				
宴	宴				
잔치 연	⺀ ⺀ ⺀ 官 宦 宴 宴				
사연	나라에서 잔치를 내려 줌				

絲	絲				
실 사	⺀ ⺀ 絲 絲 絲 絲 絲 絲				
雨	雨				
비 우	⺀ ⺀ 厂 厅 雨 雨 雨 雨				
사우	실같이 가늘게 내리는 비				

社	社				
단체 사	⺀ ⺀ 丁 示 示 礻 社 社				
員	員				
사람 원	⺀ ⺀ ⺀ 尸 月 昌 員 員				
사원	회사에서 근무하는 사람				

思	思				
생각할 사	⺀ ⺀ 田 田 思 思 思				
惟	惟				
생각할 유	⺀ ⺀ ⺀ 忄 忄 惟 惟 惟				
사유	생각함				

謝	謝				
사례할 사	⺀ ⺀ 言 訁 訃 謝 謝 謝				
恩	恩				
은혜 은	⺀ ⺀ 冈 因 因 因 恩 恩				
사은	은혜를 감사히 여겨 사례함				

史	史				
역사 사	⺀ ⺀ ⺀ 史 史				
蹟	蹟				
자취 적	⺀ ⺀ 吊 昆 趵 蹟 蹟 蹟				
사적	역사에 남은 자취				

射	射				
쏠 사	⺀ ⺀ 身 身 身 射 射				
亭	亭				
정자 정	⺀ ⺀ 古 古 高 高 亭				
사정	활터에 세운 정자				

師	師				
스승 사	⺀ ⺀ ⺀ 自 自 師 師				
弟	弟				
제자 제	⺀ ⺀ ⺀ 当 肖 弟 弟				
사제	스승과 제자				

四					
넉 사	丨 冂 冂 四 四				
柱					
기둥 주	一 十 木 材 柱 柱 柱				
사주	사람이 난 해·달·날·시				

死					
죽을 사	一 厂 歹 歹 死 死				
活					
살 활	丶 氵 氵 汗 汗 活 活				
사활	죽느냐 사느냐의 갈림				

司					
맡을 사	丁 丂 刁 司 司				
會					
모일 회	丿 人 亼 合 合 會 會 會				
사회	회의나 예식의 진행자				

山					
뫼 산	丨 山 山				
頂					
정수리 정	一 丁 丁 丌 頂 頂 頂 頂				
산정	산꼭대기				

森					
빽빽할 삼	一 十 木 木 森 森 森				
林					
수풀 림	十 オ 木 木 村 材 林				
삼림	나무가 우거진 숲				

三					
석 삼	一 二 三				
杯					
잔 배	十 オ 木 木 杯 杯 杯				
삼배	석 잔				

霜					
서리 상	一 雨 雫 雫 霜 霜 霜				
菊					
국화 국	艹 艹 芍 匊 菊 菊 菊				
상국	서리 올 때에 핀 국화				

桑					
뽕나무 상	フ ㄱ 공 쬬 쬬 桒 桑				
麻					
삼 마	一 广 广 庁 庎 麻 麻				
상마	뽕나무와 삼				

祥	祥			
상서로울 상	二 亍 示 示 祥 祥 祥			
夢	夢			
꿈 몽	十 芀 芀 苎 苎 夢 夢			
상몽	상서로운 꿈			

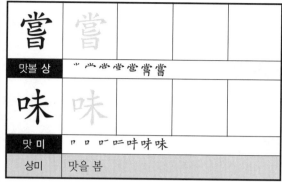

嘗	嘗			
맛볼 상	小 尚 尚 尚 尚 嘗 嘗			
味	味			
맛 미	口 口 叮 叶 味 味			
상미	맛을 봄			

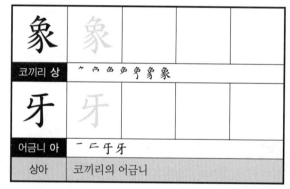

喪	喪			
죽을 상	一 十 土 圭 冉 串 喪			
服	服			
옷 복	月 月 月 朋 服 服 服			
상복	상중에 입는 예복			

相	相			
서로 상	十 才 木 相 相 相 相			
似	似			
같을 사	丿 亻 亻 仏 仏 似 似			
상사	모양이 서로 비슷함			

象	象			
코끼리 상	♌ ♍ 争 ♏ 象 象 象			
牙	牙			
어금니 아	一 二 牙 牙			
상아	코끼리의 어금니			

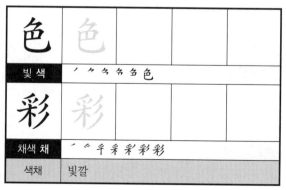

賞	賞			
상 상	丶 小 尚 尚 骨 嘗 賞			
狀	狀			
문서 장	爿 爿 爿 狀 狀 狀 狀			
상장	상 주는 뜻을 쓴 증서			

商	商			
장사 상	丶 亠 产 商 商 商 商			
店	店			
가게 점	广 广 广 庄 店 店 店			
상점	물건을 파는 가게			

色	色			
빛 색	丿 夕 名 名 多 色			
彩	彩			
채색 채	丿 ♌ 平 采 彩 彩 彩			
색채	빛깔			

書	書		
책 서	ㄱ ㅋ ㅋ 聿 聿 書 書 書		

架	架		
시렁 가	ㄱ ㄲ 加 加 架 架 架		

서가	책을 얹어 두는 선반

庶	庶		
거의 서	宀 广 广 庐 庐 庐 庶 庶		

幾	幾		
거의 기	丶 幺 幺幺 丝 丝幺 幾 幾		

서기	거의

徐	徐		
천천할 서	丶 彳 彳 彳 徐 徐 徐 徐		

步	步		
걸음 보	丨 ト ㅑ 止 止 步 步		

서보	천천히 걷는 걸음

敍	敍		
쓸 서	丿 ㅅ 느 今 余 余 敍 敍		

述	述		
지을 술	十 才 木 术 述 述		

서술	차례를 좇아 말함

恕	恕		
용서할 서	乚 夕 女 如 如 恕 恕		

之	之		
어조사 지	丶 ㄱ 之		

서지	용서하여 줌

惜	惜		
아까울 석	丶 忄 忄 忄 忄 惜 惜		

敗	敗		
패할 패	冂 目 目 貝 財 敗 敗		

석패	약간의 차로 아깝게 짐

旋	旋		
돌릴 선	二 亍 方 方 斿 斿 旋 旋		

律	律		
음률 률	彳 彳 彳 伊 律 律 律		

선율	가락, 멜로디

鮮	鮮		
고울 선	ㄣ 夕 㿟 魚 魚 鮮 鮮 鮮		

明	明		
밝을 명	冂 月 日 日 明 明 明		

선명	산뜻하고 밝음

先	먼저 선	ノ ㅏ ㅛ 生 牛 先
輩	무리 배	ヨ 非 非 非 菲 輩 輩
선배	같은 분야에서 앞선 이

船	배 선	ノ 月 月 角 舟 船 船 船
積	쌓을 적	千 禾 秆 秸 積 積 積
선적	선박에 화물을 적재하는 일

宣	펼 선	ㆍ 宀 宀 宀 宇 宣 宣
布	펼 포	ノ ナ 才 才 右 布
선포	세상에 널리 알림

城	재 성	ㆍ 土 ょ 圹 圹 城 城
郭	외성 곽	宀 古 亨 亨 亨 郭 郭
성곽	내성과 외성, 성

省	살필 성	ノ 小 少 少 省 省 省
墓	무덤 묘	艹 苩 苜 莫 莫 慕 墓
성묘	조상의 산소를 찾아 돌봄

聲	소리 성	士 吉 吉 声 韰 睯 聲
調	가락 조	ㆍ 宀 言 訂 訶 調 調
성조	목소리의 가락

歲	해 세	ㅏ 쀼 广 芦 芦 歲 歲
費	쓸 비	ㅡ 弓 弗 弗 費 費 費
세비	일년 동안의 경비

洗	씻을 세	ㆍ 氵 汇 汁 洗 洗 洗 洗
濯	빨래할 탁	ㆍ 氵 氵 澀 潤 濯 濯
세탁	빨래

騷	騷				
시부 소	ᵁ 馬 馬 馬 馬 馬 騷				
客	客				
나그네 객	宀 宀 宀 灾 突 客 客				
소객	시인과 문사				

所	所				
바 소	᾿ ᾿ ᾿ ᾿ 所 所 所				
期	期				
기약할 기	一 卄 其 其 期 期 期				
소기	마음속으로 기대한 바				

召	召				
부를 소	フ 刀 刀 召 召				
命	命				
분부 명	人 亼 亽 合 合 合 命				
소명	신하를 부르는 임금의 명				

素	素				
본디 소	一 耂 主 丰 麦 素 素				
朴	朴				
순박할 박	一 十 才 木 机 朴				
소박	꾸밈이 없이 생긴 그대로				

昭	昭				
밝을 소	丨 冂 日 日 昭 昭 昭				
詳	詳				
자세할 상	一 二 言 言 訃 詳 詳				
소상	분명하고 자세함				

蘇	蘇				
깨어날 소	艹 艻 荅 蔆 蔆 薛 蘇				
生	生				
살 생	ノ 生 牛 生 生				
소생	다시 일어남				

訴	訴				
송사할 소	一 二 言 言 訂 訴 訴				
訟	訟				
송사할 송	一 二 言 言 訟 訟 訟				
소송	재판을 걺				

消	消				
다할 소	᾿ ᾿ ᾿ 沪 消 消 消				
息	息				
숨쉴 식	᾿ 门 自 自 息 息 息				
소식	안부나 새로운 사실의 기별				

小	小			
작을 소	ㅣ 小 小			
臣	臣			
신하 신	一 丁 五 五 곱 臣			
소신	신하의 임금에 대한 자칭			

掃	掃			
쓸 소	扌 扌 扌 护 捄 掃 掃			
除	除			
덜 제	阝 阝 阶 险 阶 除 除			
소제	털어 쓸고 닦아서 깨끗이 함			

疎	疎			
성길 소	フ 下 正 正 距 跊 疎			
忽	忽			
소홀할 홀	ノ 勹 勿 匆 匆 忽 忽			
소홀	대수롭지 않고 예사임			

粟	粟			
조 속	一 帀 西 覀 覀 栗 粟 粟			
米	米			
쌀 미	丶 丶 丷 二 半 米 米			
속미	좁쌀			

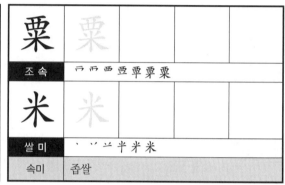

損	損			
잃을 손	扌 扌 扌 扣 捐 捐 損			
益	益			
더할 익	ノ 八 公 公 谷 谷 益 益			
손익	손해와 이익			

誦	誦			
읽을 송	一 늘 言 訂 訶 誦 誦			
讀	讀			
읽을 독	늘 言 詰 讀 讀 讀 讀			
송독	소리내어 읽음			

松	松			
소나무 송	十 才 才 杉 杉 松 松			
柏	柏			
잣나무 백	十 才 才 杉 栌 柏 柏			
송백	소나무와 잣나무			

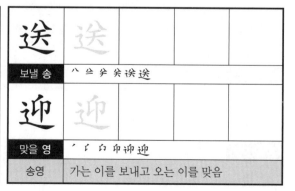

送	送			
보낼 송	八 쓰 쏫 쏫 诶 送			
迎	迎			
맞을 영	ノ 仁 卬 卬 迎 迎			
송영	가는 이를 보내고 오는 이를 맞음			

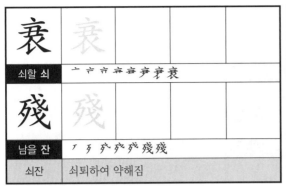

衰 / 衰
쇠할 쇠　亠 亠 产 声 声 声 衰
殘 / 殘
남을 잔　一 歹 歹 歼 殘 殘 殘
쇠잔　쇠퇴하여 약해짐

需 / 需
구할 수　一 雨 雫 雫 雫 需 需
給 / 給
줄 급　乙 幺 糸 紒 紒 給 給
수급　수요와 공급

修 / 修
닦을 수　亻 亻 俨 俨 修 修 修
了 / 了
마칠 료　了 了
수료　일정한 학과를 다 배움

誰 / 誰
누구 수　亠 言 言 訃 訃 誰 誰
某 / 某
아무 모　一 十 廿 甘 茸 某 某
수모　아무개

首 / 首
머리 수　ソ 芦 芦 芦 首 首 首
尾 / 尾
꼬리 미　フ コ 尸 尸 尾 尾 尾
수미　사물의 머리와 꼬리

隨 / 隨
따를 수　阝 阝 阼 陪 隋 隋 隨
想 / 想
생각 상　十 木 相 相 想 想 想
수상　그때 그때 떠오르는 생각

授 / 授
줄 수　扌 扌 扩 护 护 授 授
受 / 受
받을 수　爫 爫 爫 쯍 受 受 受
수수　주고 받음

雖 / 雖
비록 수　口 呂 虽 蛩 蛩 雖 雖
然 / 然
그럴 연　ク タ タ 夕 狀 狀 然 然
수연　비록 그러하나

收	收			
거둘 수	ㅣ 니 ㅼ 収 收 收			
穫	穫			
거둘 확	二 禾 矛 秄 稚 稚 穫			
수확	농작물을 거둬들임			

熟	熟			
익숙할 숙	二 亠 亨 孰 孰 熟 熟			
練	練			
익힐 련	ㄥ 乡 糸 紅 紳 絆 練			
숙련	능숙하도록 익힘			

宿	宿			
잘 숙	宀 宀 宀 宂 宿 宿 宿			
昔	昔			
옛 석	一 卄 芔 芊 昔 昔 昔			
숙석	머지 않은 옛날			

孰	孰			
누구 숙	二 亠 亨 亨 亨 孰 孰			
哉	哉			
어조사 재	十 土 吉 吉 哉 哉 哉			
숙재	누구이겠느냐?			

叔	叔			
아재비 숙	ㅏ 上 ㅓ 才 未 叔 叔			
姪	姪			
조카 질	ㄑ 女 女 妒 妌 姪 姪			
숙질	아저씨와 조카			

瞬	瞬			
눈깜짝할 순	目 旷 旷 瞬 瞬 瞬 瞬			
間	間			
사이 간	『 『 門 門 門 問 間			
순간	눈 깜짝할 사이			

殉	殉			
바칠 순	ㄱ 歹 歹 夘 殉 殉 殉			
敎	敎			
종교 교	㇒ ㄨ 夆 孝 孝 斈 敎			
순교	종교를 위해 목숨을 바침			

旬	旬			
열흘 순	㇒ 勹 勹 旬 旬 旬			
朔	朔			
초하루 삭	丷 屮 並 节 朔 朔 朔			
순삭	초열흘과 초하루			

巡	巡			
돌 순	⸜ ⸜⸜ ⸜⸜⸜ 巡 巡			
視	視			
볼 시	⸜ ⸜ ⸜ ⸜ 視 視 視			
순시	돌아다니며 살펴봄			

順	順			
좇을 순	⸜ ⸜ ⸜ ⸜ 順 順 順			
逆	逆			
거스를 역	⸜ ⸜ ⸜ 逆 逆 逆 逆			
순역	순종과 거역			

純	純			
순수할 순	⸜ ⸜ ⸜ 糸 純 純 純			
乎	乎			
어조사 호	⸜ ⸜ ⸜ 乎 乎			
순호	섞인 것이 전혀 없는 모양			

循	循			
두루 돌 순	⸜ ⸜ ⸜ 循 循 循 循			
環	環			
두를 환	王 環 環 環 環 環 環			
순환	쉬지 않고 자꾸 돎			

崇	崇			
높일 숭	⸜ ⸜ ⸜ 崇 崇 崇 崇			
尙	尙			
숭상할 상	⸜ ⸜ ⸜ 尙 尙 尙 尙			
숭상	높이어 소중하게 여김			

拾	拾			
주울 습	⸜ ⸜ 拾 拾 拾 拾 拾			
遺	遺			
잃을 유	⸜ ⸜ 貴 貴 貴 遺 遺			
습유	남이 버린 것을 주움			

昇	昇			
오를 승	⸜ ⸜ 日 旦 旦 昇 昇			
降	降			
내릴 강	⸜ ⸜ 降 降 降 降 降			
승강	오르고 내림			

勝	勝			
이길 승	⸜ 月 月 胖 胖 勝 勝			
負	負			
패할 부	⸜ ⸜ 负 自 負 負 負			
승부	이김과 짐			

僧	僧			
중 승	イ 仏 仏 仲 僧 僧 僧 僧			

俗	俗			
속될 속	イ 伀 伀 佟 俗 俗 俗			

승속	승려와 속인

乘	乘			
탈 승	ᅳ ᅮ ᅮ 乖 乖 乘 乘			

醉	醉			
취할 취	ᅳ 冂 西 酉 酉 酔 醉			

승취	취흥을 탐

市	市			
도시 시	` ᅳ ᅩ 方 市			

街	街			
거리 가	ᅳ イ 彳 什 往 往 街 街			

시가	도시의 큰 길거리

是	是			
옳을 시	` 日 旦 무 무 昻 是			

非	非			
그를 비	ノ ᅴ ᅴ 非 非 非 非			

시비	옳고 그름, 잘잘못

施	施			
베풀 시	ᅳ ᅴ 方 方 方 施 施			

設	設			
베풀 설	ᅳ ᅳ 言 言 訊 設 設			

시설	베풀어 설비함

始	始			
처음 시	ᄼ 女 女 女 妙 始 始			

終	終			
마칠 종	ᅩ ᅀ 千 糸 糸 終 終			

시종	처음과 끝

侍	侍			
모실 시	イ 仁 什 什 侍 侍 侍			

從	從			
좇을 종	ᄼ イ 彳 从 往 從 從			

시종	임금을 모시는 신하

試	試			
시험할 시	ᅳ 言 言 計 証 試 試			

驗	驗			
시험할 험	ᄐ 馬 馬 馿 馿 驗 驗			

시험	능력 등을 시험하는 일

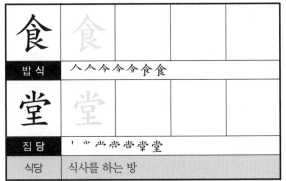

食				
밥 식	人人今今今食食			

堂				
집 당	丨丷丷尚尚堂堂			

식당	식사를 하는 방

植				
심을 식	十才栌栌栌栯植			

樹				
나무 수	木栌栌栌栌樹樹			

식수	나무를 심음

申				
알릴 신	口曰申			

告				
알릴 고	ノㅏ牛牛告告			

신고	사유를 관청에 보고함

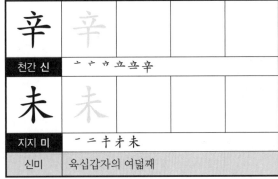

辛				
천간 신	立立立辛			

未				
지지 미	二十才未			

신미	육십갑자의 여덟째

神				
신선 신	二丁示示和祀神			

仙				
신선 선	ノイイ仙仙			

신선	선도를 닦아 도에 통한 사람

晨				
새벽 신	口曰尸尸晨晨晨			

昏				
어두울 혼	氏氐昏昏昏			

신혼	새벽과 황혼

深				
깊을 심	氵氵汙汙深深深			

潭				
못 담	氵氵汙汩潭潭潭			

심담	깊은 연못

尋				
찾을 심	彐彐彐彐尋尋			

訪				
찾을 방	言言言訪訪訪			

심방	방문하여 찾아봄

審				
살필 심	`ハ 宀 宀 宀 宷 審 審`			
判				
판단할 판	`ノ ハ ム ム 半 判 判`			
심판	경기의 승패를 판단함			

十				
열 십	`一 十`			
升				
되 승	`ノ 二 千 升`			
십승	열 되. 곧 1말			

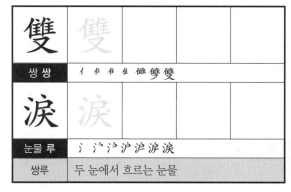

雙				
쌍 쌍	`イ 隹 隹 隹 催 雙 雙`			
淚				
눈물 루	`氵 汗 汗 沪 沪 淚 淚`			
쌍루	두 눈에서 흐르는 눈물			

亞				
버금 아	`一 т т 亞 亞 亞 亞`			
流				
갈래 류	`氵 汁 浐 浐 浐 流 流`			
아류	① 무리 ② 두 번째 가는 사람			

阿				
아첨할 아	`3 阝 阝 阿 阿 阿 阿`			
附				
붙을 부	`3 阝 阝 阵 阵 附 附`			
아부	남의 비위를 맞추어 알랑거림			

眼				
눈 안	`Ⅱ 目 目 眂 眜 眼 眼 眼`			
鏡				
안경 경	`ノ 牟 金 釒 鈴 鏡 鏡`			
안경	시력을 위해 눈에 쓰는 물건			

雁				
기러기 안	`一 厂 厃 厍 厣 雁 雁`			
鴻				
큰기러기 홍	`氵 氵 汇 汭 洘 鴻 鴻`			
안홍	기러기와 큰 기러기			

謁				
뵈올 알	`二 言 訂 謁 謁 謁 謁`			
聖				
성인 성	`Γ Γ 耴 耴 耵 聖 聖 聖`			
알성	임금이 공자 신위에 참배함			

暗 어두울 암 丨 日 旷 晬 晬 暗 暗
黑 검을 흑 冖 冂 四 四 里 黑 黑
암흑 — 아주 캄캄한 어둠

仰 우러를 앙 丿 亻 亻 仰 仰 仰
請 청할 청 亠 言 言 言 請 請 請
앙청 — 우러러 청함

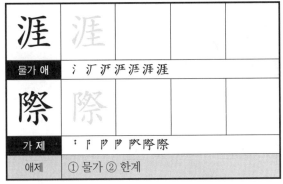

涯 물가 애 氵 氵 汇 汇 涯 涯 涯
際 가 제 阝 阝 阝 阝 陊 陔 際
애제 — ① 물가 ② 한계

哀 슬플 애 亠 亠 古 卢 亨 亨 哀
歡 기뻐할 환 艹 芦 芦 莱 藋 藋 歡
애환 — 슬픔과 기쁨

也 어조사 야 丿 九 也
矣 어조사 의 厶 厶 台 台 台 矣 矣
야의 — 어조사 '也'와 '矣'

耶 어조사 야 一 丁 下 耳 耳 耶 耶
兮 어조사 혜 丿 八 八 兮
야혜 — 어조사 '耶'와 '兮'

若 같을 약 丬 丬 丬 若 若 若 若
茲 이 자 丬 丬 丬 茲 茲 茲 茲
약자 — 이러함. 이와 같음

楊 버들 양 十 木 杤 枵 椙 楊 楊
柳 버들 류 十 木 木 杧 柳 柳 柳
양류 — 버드나무

揚	揚			
올릴 양	扌 扌 扣 护 押 揚 揚			
陸	陸			
뭍 륙	阝 阝 阝 阼 陟 陸 陸 陸			
양륙	배의 짐을 육지로 운반하는 일			

羊	羊			
양 양	丶 丷 뇨 뇨 兰 羊 羊			
毛	毛			
털 모	一 二 三 毛			
양모	양의 털			

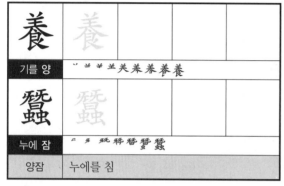

養	養			
기를 양	丷 뇨 뇨 羊 美 美 蕃 養 養			
蠶	蠶			
누에 잠	一 旡 旡 兓 兓 蠶 蠶			
양잠	누에를 침			

洋	洋			
서양 양	丶 氵 氵 汁 汼 洋 洋			
畵	畵			
그림 화	彐 彐 肀 聿 書 書 畵 畵			
양화	서양화			

御	御			
어거할 어	丿 彳 彳 芢 徉 御 御			
床	床			
평상 상	丶 广 广 庁 床 床 床			
어상	임금의 음식을 차려 놓은 상			

於	於			
어조사 어	一 亐 方 方 扗 於 於			
焉	焉			
어조사 언	一 下 正 正 焉 焉 焉			
어언	알지 못하는 동안에 어느덧			

語	語			
말씀 어	丶 亠 言 言 訂 語 語 語			
節	節			
마디 절	⺮ 竹 筲 筲 管 節 節			
어절	문장을 이루는 말의 도막			

漁	漁			
고기 잡을 어	丶 氵 氵 泞 漁 漁 漁			
獲	獲			
얻을 획	丿 犭 犭 犷 猚 獲 獲 獲			
어획	수산물을 포획 · 채취함			

億	億				
억 억	イ 亻 佇 倍 倍 倍 億				
萬	萬				
일만 만	艹 莒 萬 萬 萬				
억만	① 억 ② 아주 많은 수효				

抑	抑				
누를 억	一 扌 扌 扩 扣 抑 抑				
壓	壓				
누를 압	厂 尸 盾 厭 厭 壓 壓				
억압	힘으로 억누름				

嚴	嚴				
엄숙할 엄	吅 严 严 嚴 嚴 嚴 嚴				
肅	肅				
엄숙할 숙	ヨ 尹 君 肀 肃 肅 肅				
엄숙	장엄하고 정숙함				

業	業				
업 업	⺍ 业 业 坐 举 業 業				
績	績				
공적	幺 糸 紅 結 績 績 績				
업적	일의 공적이나 업무의 성적				

輿	輿				
여럿 여	F 印 車 車 車 車 輿				
望	望				
바랄 망	亠 亡 亣 切 珂 望 望				
여망	여러 사람의 기대				

汝	汝				
너 여	丶 丶 氵 汝 汝 汝				
余	余				
나 여	ノ 人 스 合 숲 余 余				
여여	너와 나				

予	予				
나 여	ㄱ ㄱ ㅋ 予				
曰	曰				
가로 왈	丨 冂 日 曰				
여왈	내가 말하기를				

餘	餘				
남을 여	人 乄 食 食 針 飭 餘				
韻	韻				
운치 운	音 音 音 韵 韻 韻 韻				
여운	가시지 않고 남아 있는 운치				

亦	亦				
또 역	`丶 宀 广 亣 亣 亦`				
如	如				
같을 여	`〈 夕 夕 如 如 如`				
역여	또한 같음				

疫	疫				
염병 역	`宀 广 疒 疒 疒 疫 疫`				
疾	疾				
병 질	`宀 广 疒 疒 疒 疾 疾`				
역질	천연두				

鉛	鉛				
납 연	`人 牟 金 釙 釛 鉛 鉛`				
鑛	鑛				
쇳돌 광	`牟 金 釲 鈩 鑛 鑛 鑛`				
연광	납을 캐내는 광산				

研	研				
연구할 연	`一 丁 石 石 矸 矸 研`				
究	究				
궁구할 구	`丶 宀 宀 空 空 究`				
연구	조사하고 생각하여 진리를 알아냄				

演	演				
행할 연	`氵 氵 沪 清 演 演 演`				
壇	壇				
단 단	`土 圹 圹 墹 壇 壇 壇`				
연단	연설·강연자가 서는 단				

燕	燕				
제비 연	`艹 艹 甘 甘 苹 燕 燕`				
麥	麥				
보리 맥	`一 丆 來 來 夾 麥 麥`				
연맥	귀리				

燃	燃				
불탈 연	`丶 火 炒 炒 燃 燃 燃`				
燒	燒				
불사를 소	`丶 火 炒 炉 燒 燒 燒`				
연소	불붙어 탐				

沿	沿				
물 좇을 연	`丶 氵 氵 汎 沿 沿 沿`				
岸	岸				
언덕 안	`一 屮 屵 屵 岸 岸 岸`				
연안	하해나 호수에 연한 물가				

軟				
연할 연	一 一 百 亘 車 軒 軒 軟 軟			
弱				
약할 약	ㄱ ㄱ 弓 弱 弱 弱 弱			
연약	연하고 약함			

緣				
인연 연	幺 糸 約 紵 終 緣 緣			
由				
까닭 유	丨 冂 曰 由 由			
연유	일의 까닭			

硯				
벼루 연	厂 石 矴 硯 硯 硯 硯			
滴				
물방울 적	氵 汻 汻 淌 滴 滴 滴			
연적	벼룻물을 담그는 그릇			

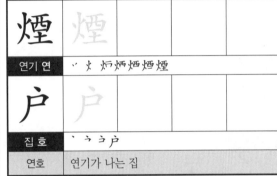

煙				
연기 연	丷 火 炉 炉 炬 烟 煙			
戶				
집 호	丶 一 丆 戶			
연호	연기가 나는 집			

鹽				
소금 염	丢 臣 臣 臨 鹽 鹽 鹽			
酸				
실 산	一 西 酉 酌 酚 酸 酸			
염산	염화수소의 수용액			

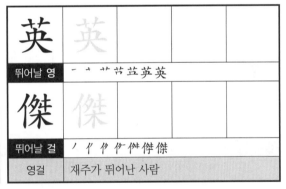

英				
뛰어날 영	一 十 艹 苎 苎 英 英			
傑				
뛰어날 걸	丿 亻 伊 伊 倅 傑 傑			
영걸	재주가 뛰어난 사람			

榮				
영화 영	丷 米 炏 炏 燃 烨 榮			
枯				
마를 고	十 オ 木 朴 朴 枯 枯			
영고	번영함과 쇠멸함			

永				
길 영	丶 亇 亣 永 永			
遠				
멀 원	十 ᆂ 吉 흦 袁 遠 遠			
영원	길고 오랜 무한한 세월			

映	映			
비칠 영	丨 冂 日 旪 旪 映 映			
窓	窓			
창 창	丶 宀 穴 空 窓 窓 窓			
영창	채광과 환기를 위한 미닫이			

銳	銳			
날카로울 예	丿 亼 金 釒 鈆 鈖 銳			
鈍	鈍			
둔할 둔	丿 亼 今 金 釒 鈍 鈍			
예둔	날카로움과 둔함			

吾	吾			
나 오	一 丅 五 五 吾 吾 吾			
黨	黨			
무리 당	丷 尚 尚 當 黨 黨 黨			
오당	① 우리 당 ② 우리 고을			

梧	梧			
오동나무 오	十 木 杠 枑 梧 梧 梧			
桐	桐			
오동나무 동	一 十 木 杋 枂 桐 桐			
오동	오동나무			

五	五			
다섯 오	一 丅 五 五			
倫	倫			
인륜 륜	亻 伶 伶 倫 倫 倫 倫			
오륜	사람이 지켜야 할 다섯 가지 도리			

傲	傲			
거만할 오	亻 仹 佳 倩 傲 傲 傲			
慢	慢			
거만할 만	丶 忄 悍 慍 慍 慢 慢			
오만	태도가 건방지고 거만함			

午	午			
낮 오	𠂉 𠂇 午			
睡	睡			
잠잘 수	冂 目 眊 睡 睡 睡 睡			
오수	낮잠			

汚	汚			
더러울 오	丶 丶 氵 汀 汚 汚			
辱	辱			
욕 욕	厂 戶 戸 辰 辱 辱 辱			
오욕	더럽히고 욕되게 함			

烏	烏				
검을 오	ノ ゲ 白 烏 烏 烏 烏				
竹	竹				
대 죽	ノ ノ ㇆ ⺮ ⺮ 竹				
오죽	줄기가 검은 빛의 대				

玉	玉				
구슬 옥	一 二 千 王 玉				
篇	篇				
책 편	⺮ 竹 竹 笁 笆 篇 篇				
옥편	자형에 따라 만든 한자 자전				

溫	溫				
따뜻할 온	氵 沪 沪 沪 温 温 温				
冷	冷				
찰 랭	丶 冫 冫 冫 冷 冷 冷				
온랭	따뜻함과 참				

翁	翁				
아버지 옹	八 公 公 㕬 翁 翁 翁				
姑	姑				
시어미 고	乄 女 女 妒 妬 姑 姑				
옹고	시아버지와 시어머니				

臥	臥				
누울 와	一 丅 ㇌ 千 臣 即 臥				
龍	龍				
용 룡	亠 音 音 背 背 龍 龍				
와룡	누워 있는 용				

緩	緩				
느릴 완	幺 糸 糽 綒 綒 綒 緩				
急	急				
빠를 급	ク ク 刍 刍 急 急 急				
완급	① 늦음과 빠름 ② 위급				

完	完				
완전할 완	丶 丷 宀 宀 宀 完 完				
遂	遂				
이룰 수	八 乡 今 豕 豕 逐 遂				
완수	완전히 수행함				

往	往				
갈 왕	ノ ク 彳 彳 往 往 往				
來	來				
올 래	一 冂 兀 巫 來 來 來				
왕래	가고 오고 함				

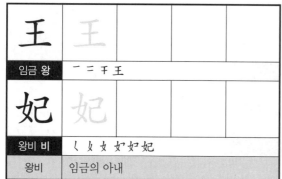

王				
임금 왕	一二千王			
妃				
왕비 비	乀乚女奼妃妃			
왕비	임금의 아내			

畏				
두려워할 외	口田田田里畏畏			
兄				
맏 형	口口尸兄			
외형	친구끼리 점잖게 이르는 말			

腰				
허리 요	刀月肝胛腰腰腰			
刀				
칼 도	刀刀			
요도	옛 병기의 하나로 허리에 차는 칼			

搖				
흔들 요	扌扌扩护挥挥搖			
籃				
바구니 람	竹竺笁篁篮篮籃			
요람	젖먹이를 담아서 재우는 물건			

遙				
멀 요	夕夕夕备备遙遙			
拜				
절 배	三手手拜拜拜拜			
요배	멀리 바라보고 하는 절			

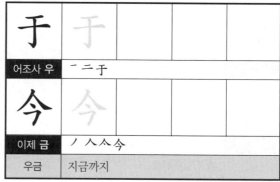

要				
중요할 요	一一一两两要要			
塞				
요새 새	宀宀宝寒寒寒塞			
요새	국경에 있는 중요한 방어시설			

牛				
소 우	丿匕二牛			
角				
뿔 각	丿勺勺甪甪角角			
우각	쇠뿔			

于				
어조사 우	一二于			
今				
이제 금	丿人스今			
우금	지금까지			

優	優			
뛰어날 우	ﾉ ｲ 俨 俨 俨 優 優			
劣	劣			
못할 렬	ﾉ ﾉ 小 少 劣 劣			
우열	우수함과 열등함			

羽	羽			
날개 우	ﾉ ﾉ ﾖ 羽 羽 羽			
翼	翼			
날개 익	ﾏ ﾖ 羽 翌 翌 翼 翼 翼			
우익	새의 날개			

宇	宇			
하늘 우	ﾉ ｿ 宀 宇 宇			
宙	宙			
하늘 주	ﾉ 宀 宀 宀 宙 宙 宙			
우주	온갖 물질이 존재하는 공간			

郵	郵			
우편 우	ﾉ 二 丢 垂 垂 郵 郵			
票	票			
표 표	一 两 西 栗 票 票 票			
우표	우편물에 붙이는 증표			

憂	憂			
근심 우	一 百 百 直 惪 夢 憂			
患	患			
근심 환	一 口 口 吕 串 患 患			
우환	근심과 걱정			

又	又			
또 우	ﾌ 又			
況	況			
하물며 황	ﾉ ﾝ 沪 沪 況			
우황	'하물며' 의 뜻인 접속부사			

運	運			
옮길 운	ﾏ 尸 戶 官 軍 運 運			
輸	輸			
실어낼 수	且 車 軒 軒 輪 輪 輸			
운수	여객이나 화물을 나르는 일			

云	云			
이를 운	一 二 云 云			
謂	謂			
이를 위	ﾉ 二 言 訂 訶 謂 謂			
운위	일러 말함			

原	原			圓	圓			
근원 원	一厂厂厂匠原原			둥글 원	丨冂冂冂冃冋圎圓圓			
稿	稿			舞	舞			
원고 고	千禾禾秆秆稿稿			춤출 무	亠二無無舞無舞			
원고	인쇄하기 위해 쓴 글			원무	원진을 이루고 추는 춤			

元	元			怨	怨			
으뜸 원	一二テ元			원망할 원	ク夕夗夗怨怨怨			
帥	帥			尤	尤			
장수 수	亻亻亻自自帥帥			탓할 우	一ナ尤尤			
원수	군인의 가장 높은 계급			원우	원망하고 꾸짖음			

源	源			越	越			
근원 원	丶氵氵沪沥源源源			넘을 월	土キ走走越越越			
泉	泉			牆	牆			
샘 천	丶勹白白身泉			담 장	爿爿牁牀牁牆牆			
원천	물이 흘러나오는 근원			월장	담을 넘음			

危	危			違	違			
위태할 위	丶ク尸产危危			어길 위	丶亠吾吉韋諱違			
徑	徑			例	例			
지름길 경	彡彳彳彳徑徑徑			법식 례	亻亻伫伃伢例例			
위경	험하고 위태로운 지름길			위례	상례에 어긋남			

慰	慰				
위로할 위	`ﾞ ﾛ 屄 屄 尉 尉 慰`				
安	安				
평안할 안	`` ` ` ` ` ` ` 安 安 ``				
위안	마음을 즐겁고 편하게 함				

偉	偉				
위대할 위	`亻 亻 件 借 借 偉 偉`				
容	容				
얼굴 용	`ﾉ 宀 宀 突 突 容 容`				
위용	훌륭하고 뛰어난 용모				

胃	胃				
밥통 위	`丶 口 田 胃 胃 胃 胃`				
腸	腸				
창자 장	`刀 月 刖 胛 腭 腸 腸`				
위장	위와 창자				

爲	爲				
할 위	`ﾍ ﾉﾞ 厂 尸 爲 爲 爲`				
主	主				
주인 주	`丶 亠 亠 主 主`				
위주	주장으로 삼는 일				

委	委				
맡길 위	`ﾟ 千 禾 禾 季 委 委`				
託	託				
부탁할 탁	`丶 亠 亖 言 言 訐 託`				
위탁	맡기어 부탁함				

威	威				
으를 위	`厂 厂 反 反 戌 威 威`				
脅	脅				
으를 협	`ﾉ 力 办 脅 脅 脅 脅`				
위협	위세를 부려 으르고 협박함				

悠	悠				
멀 유	`亻 亻 亻 攸 悠 悠 悠`				
久	久				
오랠 구	`ﾉ ﾉ 久`				
유구	아득하게 길고 오램				

誘	誘				
꾈 유	`ﾞ 言 言 訪 誘 誘 誘`				
導	導				
이끌 도	`ﾟ 首 首 道 道 導`				
유도	일정한 방향으로 꾀어 이끎				

有	有			
있을 유	ノ ナ ナ 冇 有 有			
無	無			
없을 무	┌ ┌ 無 無 無 無			
유무	있음과 없음			

維	維			
개혁 유	幺 糸 刹 紅 綽 維 維			
新	新			
새 신	ㄱ ㅗ ㅡ 辛 亲 新 新			
유신	묵은 것을 고쳐 새롭게 함			

愈	愈			
더욱 유	入 ㅅ 俞 俞 俞 愈 愈 愈			
甚	甚			
심할 심	十 ㅐ 甘 甘 甚 甚 甚			
유심	더욱 심함			

猶	猶			
망설일 유	ノ 犭 犭 犷 犷 猶 猶			
豫	豫			
꾸물거릴 예	ㄱ 子 孖 矜 豫 豫 豫			
유예	시간이나 날짜를 미룸			

遊	遊			
놀 유	丶 方 扩 芥 斿 游 遊			
娛	娛			
즐거워할 오	ㄴ 女 妒 娲 娲 娲 娛			
유오	유람하며 즐겁게 놂			

唯	唯			
오직 유	口 吖 吖 咩 咋 唯 唯			
一	一			
한 일	一			
유일	오직 그것 하나뿐임			

裕	裕			
넉넉할 유	ㄱ ㄱ ㅈ ㅈ 衿 裕 裕			
足	足			
넉넉할 족	丶 ㄸ 口 ㅁ ㅁ 足 足			
유족	여유 있게 풍족함			

乳	乳			
젖 유	ㄱ ㄱ ㄸ ㄸ 孚 孚 乳			
臭	臭			
냄새 취	丶 竹 白 自 皀 臭 臭			
유취	젖에서 나는 냄새			

幼					
어릴 유	㇐ ㇟ ㄠ ㄠ 幻 幼				
稚					
어릴 치	二 禾 利 利 稚 稚 稚				
유치	나이 어림, 정도가 낮음				

幽					
가둘 유	㇐ ㇑ 丝 丝 ㄴ 幽				
閉					
가둘 폐	㇑ ㇇ ㇊ 門 門 閉 閉				
유폐	아주 깊숙이 가두어 둠				

儒					
유교 유	亻 伂 伃 儒 儒 儒 儒				
學					
학문 학	𝅻 𝅻 臼 臼 ㊊ 學 學				
유학	공자를 시조로 하는 학문				

肉					
몸 육	㇑ ㄇ 內 內 肉 肉				
身					
몸 신	㇓ ㇑ ㄇ 身 身 身 身				
육신	사람의 몸				

潤					
윤택할 윤	氵 氵 氵 潤 潤 潤 潤				
氣					
기운 기	㇓ ㇒ 气 气 氖 氣 氣				
윤기	윤택한 기운				

閏					
윤달 윤	㇆ ㇊ 門 門 門 閏 閏				
月					
달 월	㇓ ㇆ 月 月				
윤월	윤달				

隱					
숨을 은	㇗ ㇆ ㇇ ㇘ 隆 隱 隱				
蔽					
가릴 폐	㇐ ㇾ 苉 苬 葿 蔽 蔽				
은폐	가리어 숨김, 덮어 감춤				

銀					
은빛 은	㇓ 牟 金 釘 釘 鈤 銀				
漢					
은하수 한	氵 汁 泔 洪 漢 漢 漢				
은한	은하수				

乙	천간 을	乙
丑	지지 축	ㄱㄲ丑丑
을축	육십갑자의 둘째	

吟	읊을 음	㇒ㄱ口叮吟吟
詠	읊을 영	一言言言訂訖詠
음영	시를 읊음	

陰	그늘 음	㇐阝阝阶险险险陰
陽	볕 양	㇐阝阝阴阴阴陽陽
음양	음과 양	

邑	고을 읍	㇒口口吕吕吕邑
誌	기록 지	一言言言計誌誌誌
읍지	고을 연혁을 적은 책	

應	응할 응	广广府庐雁雁應
援	도울 원	扌扌扩扩拦拦援
응원	경기 등을 곁에서 성원함	

依	의지할 의	亻亻㐅伫依依依
賴	의지할 뢰	一市束刺刺賴賴
의뢰	남에게 부탁하거나 의지함	

衣	옷 의	丶一ナ宁衣衣
裳	치마 상	屮屵當堂堂堂裳
의상	겉에 입는 저고리와 치마	

疑	의심할 의	匕𠤊矣疑疑疑疑
心	마음 심	㇒心心心
의심	믿지 못해 이상히 여기는 마음	

意	意			
뜻 의	﹁ ﹁ 立 产 音 意 意			
欲	欲			
하고자할 욕	﹅ ﹅ 谷 谷 谷 谷 欲 欲			
의욕	하고자 하는 욕망			

醫	醫			
의원 의	医 医 殴 殴 殹 醫 醫 醫			
院	院			
집 원	﹅ ﹅ ﹅ 阼 阼 阼 院			
의원	병을 치료하는 곳, 병원			

耳	耳			
귀 이	一 T T F E 耳			
目	目			
눈 목	l П П 月 目			
이목	① 귀와 눈 ② 남들의 주위			

以	以			
써 이	l l l l l 以			
北	北			
북녘 북	一 l l l 北			
이북	어떤 지점을 한계로 한 북쪽			

而	而			
뿐 이	一 T T 币 而 而			
已	已			
뿐 이	﹁ ﹁ 己			
이이	뿐, 따름			

貳	貳			
두 이	一 ﹁ 弍 育 貢 貳 貳			
丈	丈			
길 장	一 ナ 丈			
이장	두 길			

移	移			
옮길 이	千 禾 禾 秒 秒 移 移 移			
轉	轉			
옮길 전	﹅ 車 車 軯 輔 轉 轉			
이전	장소나 주소 등을 옮김			

夷	夷			
평평할 이	一 ﹁ ﹁ 弓 夷 夷			
險	險			
험할 험	﹅ 阝 阶 阶 险 险 險			
이험	평탄함과 험준함			

因	因			
까닭 인	丨冂冃円丙因			
果	果			
결과 과	丨冂曰旦甲果果			
인과	원인과 결과			

忍	忍			
참을 인	ㄱ刀刃忍忍忍			
耐	耐			
견딜 내	一丆丂而而耐耐			
인내	어려움 등을 참고 견딤			

刃	刃			
칼날 인	ㄱ刀刃			
傷	傷			
상할 상	亻仁伵伸傷傷傷			
인상	칼날에 다쳐 상함			

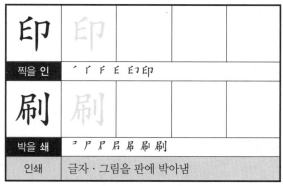

印	印			
찍을 인	一仁卝臣印印			
刷	刷			
박을 쇄	一尸尸吊屈刷刷			
인쇄	글자·그림을 판에 박아냄			

仁	仁			
어질 인	丿亻仁仁			
慈	慈			
사랑 자	丷丷产兹兹慈慈			
인자	어질고 자애로움			

引	引			
떠맡을 인	ㄱㄱ弓引			
責	責			
책임 책	一十丰青青責責			
인책	잘못의 책임을 스스로 짐			

姻	姻			
혼인 인	乚夊女如妒姻姻			
戚	戚			
친척 척	厂厂厈威戚戚戚			
인척	혼인 관계로 맺어진 친척			

日	日			
해 일	丨冂月日			
輪	輪			
바퀴 륜	一亘車軩軡輪輪			
일륜	태양			

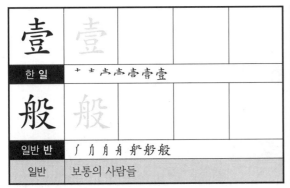

壹	壹			
한 일	十 士 吉 吉 壹 壹 壹			
般	般			
일반 반	ﾉ 刀 舟 舟 舟 船 船 般			
일반	보통의 사람들			

資	資			
지위 자	冫 次 次 咨 沓 資 資			
格	格			
품격 격	十 木 栌 杦 柊 柊 格 格			
자격	어떤 일을 맡을 만한 조건			

紫	紫			
자주빛 자	丨 止 止 此 紫 紫 紫			
檀	檀			
박달나무 단	木 扩 柠 楠 楠 檀 檀			
자단	자단나무			

姉	姉			
누이 자	乚 乆 女 女 奸 妒 姉			
妹	妹			
아래누이 매	乆 女 奸 好 妹 妹 妹			
자매	손위 누이와 손아래 누이			

刺	刺			
찌를 자	一 冂 市 束 束 刺 刺			
殺	殺			
죽일 살	乂 杀 杀 杀 杀 殺 殺			
자살	칼 따위로 찔러 죽임			

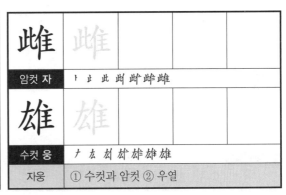

雌	雌			
암컷 자	丨 止 此 此 此 雌 雌			
雄	雄			
수컷 웅	丆 太 杜 枕 雄 雄 雄			
자웅	① 수컷과 암컷 ② 우열			

自	自			
스스로 자	ﾉ 亻 冃 自 自 自			
他	他			
남 타	ﾉ 亻 𠂉 仳 他			
자타	자기와 남			

姿	姿			
맵시 자	冫 冫 次 次 姿 姿			
態	態			
태도 태	厶 肎 自 能 能 態 態			
자태	모습과 태도			

字	字			
글자 자	`丶丷宀宀宁字`			
劃	劃			
획 획	`フマ聿書書書劃`			
자획	글자의 획			

爵	爵			
벼슬 작	`丷爫罒罒罾爵爵爵`			
祿	祿			
녹 록	`二亍禾禾礻衤祿祿`			
작록	벼슬과 녹봉			

昨	昨			
지날 작	`丨冂日昨昨昨昨`			
春	春			
봄 춘	`一二三夫春春`			
작춘	지난해 봄			

暫	暫			
잠깐 잠	`一亘車斬斬斬暫`			
留	留			
머무를 류	`丶丆卬卯卯留留`			
잠류	잠시 머물러 있음			

潛	潛			
숨길 잠	`氵氵氵浐潜潜潜`			
跡	跡			
발자취 적	`口口口𧾷𧾷跡跡跡`			
잠적	종적을 감춤, 자취를 숨김			

壯	壯			
씩씩할 장	`丨丬丬丬丬壯壯`			
途	途			
길 도	`人𠆢今余余途途`			
장도	큰 뜻을 품고 떠나는 길			

帳	帳			
장막 장	`口巾巾帄帳帳帳帳`			
幕	幕			
장막 막	`艹艹苩苩莫幕幕`			
장막	볕과 비를 막기 위해 둘러친 막			

莊	莊			
별장 장	`一艹艹茾茾莊莊`			
園	園			
동산 원	`冂冂冋冋閜園園`			
장원	봉건적 토지 소유의 한 형태			

將	將			
장수 장	丨 爿 將 將 將 將 將			
卒	卒			
군사 졸	亠 卒 卒 卒 卒 卒 卒			
장졸	장수와 졸병			

長	長			
길 장	長 長 長 長 長 長 長			
銃	銃			
총 총	金 金 金 金 銃 銃 銃			
장총	소총을 단총에 상대하여 일컬음			

栽	栽			
심을 재	十 土 栽 栽 栽 栽 栽			
培	培			
북돋울 배	十 土 培 培 培 培 培			
재배	식물을 심어서 가꿈			

災	災			
재앙 재	巛 巛 巛 災 災 災 災			
殃	殃			
재앙 앙	歹 歹 歹 殃 殃 殃 殃			
재앙	천재지변으로 생긴 불행한 사건			

在	在			
있을 재	一 ナ 在 在 在 在			
位	位			
자리 위	亻 位 位 位 位 位			
재위	왕위에 있음. 또, 그 동안			

再	再			
거듭 재	一 丆 再 再 再 再			
訂	訂			
바로잡을 정	言 言 言 言 言 訂 訂			
재정	다시 정정함			

抵	抵			
맞닥뜨릴 저	扌 扌 抵 抵 抵 抵 抵			
觸	觸			
범할 촉	角 角 角 觸 觸 觸 觸			
저촉	서로 부딪침, 모순됨			

貯	貯			
쌓을 저	冂 目 貝 貯 貯 貯 貯			
蓄	蓄			
쌓을 축	艹 蓄 蓄 蓄 蓄 蓄 蓄			
저축	모아 쌓아 둠			

赤	赤			
붉을 적	一 十 土 产 才 赤 赤			
道	道			
길 도	ⸯ ⸲ ⸲ 产 首 首 道 道			
적도	위도를 헤아리는 기준선			

賊	賊			
도둑 적	目 目 貯 貯 賦 賊 賊			
徒	徒			
무리 도	ⸯ 彳 彳 彳 补 件 件 徒			
적도	도둑의 무리			

摘	摘			
딸 적	扌 扌 扩 护 挏 摘 摘			
芽	芽			
싹 아	十 艹 艹 茾 芒 芽 芽			
적아	필요 이외의 싹을 따버림			

敵	敵			
원수 적	一 亠 序 商 商 畝 敵 敵			
侵	侵			
침노할 침	ノ イ 仃 伊 伊 侵 侵			
적침	적의 침입			

的	的			
적실할 적	イ 竹 竹 白 白 的 的 的			
確	確			
확실할 확	厂 石 石 矿 碎 碓 確 確			
적확	의심할 나위 없이 확실함			

田	田			
밭 전	丨 冂 冂 田 田			
畓	畓			
논 답	丿 氺 水 炋 沓 畓 畓			
전답	논과 밭			

展	展			
펼 전	⸘ 尸 屈 屈 屈 展 展			
覽	覽			
볼 람	彐 巨 臣 臨 臨 臂 覽			
전람	진열해 놓고 여럿에게 보임			

全	全			
온통 전	ノ 入 仝 仐 全 全			
滅	滅			
멸망할 멸	汇 汇 沪 沥 滅 滅			
전멸	망하여 죄다 없어짐			

典	법전	丨 冂 曰 曲 曲 典 典
雅	아담할 아	一 チ 牙 邪 雅 雅 雅
전아	법도에 맞고 아담함	

專	오로지 전	一 口 叀 車 叀 專 專
制	법도 제	⌐ ⌐ ⌐ 告 制 制 制
전제	제 마음대로 일을 결행함	

絕	끊을 절	纟 纟 糸 紵 紵 絕 絕
叫	부르짖을 규	丨 冂 口 叫 叫
절규	힘을 다해 부르짖음	

占	차지할 점	丨 ⺊ ⺊ 占 占
領	거느릴 령	⺈ ⺈ 令 領 領 領
점령	무력으로 일정한 지역을 차지함	

傳	전할 전	亻 亻 佪 傳 傳 傳
染	물들 염	氵 氵 汍 染 染 染 染
전염	① 병이 옮음 ② 옮아 물듦	

前	앞 전	丶 丷 前 前 前 前 前
後	뒤 후	彳 彳 径 径 後 後
전후	① 앞뒤 ② 처음과 마지막	

折	꺾을 절	一 十 扌 扩 折 折 折
枝	가지 지	十 才 木 村 枝 枝 枝
절지	나뭇가지를 꺾음	

漸	점점 점	氵 氵 汇 泸 津 漸 漸
次	차례 차	丶 冫 冫 次 次 次
점차	차례대로 차차, 점점	

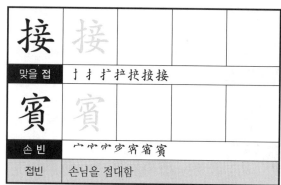

接	接			
맞을 접	扌 扌 扩 护 按 接 接			
賓	賓			
손 빈	宀 宀 宀 宀 宵 宵 賓			
접빈	손님을 접대함			

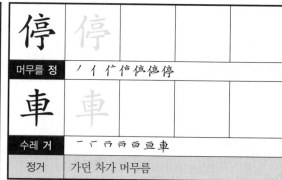

停	停			
머무를 정	ノ イ 亻 佇 停 停 停			
車	車			
수레 거	一 厂 百 百 亘 車			
정거	가던 차가 머무름			

淨	淨			
깨끗할 정	氵 氵 氵 浐 浐 浄 淨			
潔	潔			
깨끗할 결	氵 氵 汢 汢 潔 潔 潔			
정결	정하고 깨끗함			

正	正			
바를 정	一 丁 下 疋 正			
南	南			
남녘 남	十 忄 内 内 南 南 南			
정남	똑바른 방향의 남쪽			

征	征			
칠 정	ノ ク イ 彳 彳 征 征			
伐	伐			
칠 벌	ノ ノ イ 仁 代 伐 伐			
정벌	죄 있는 무리를 군대로서 침			

精	精			
정성 정	丷 半 米 米 粁 精 精			
誠	誠			
정성 성	亠 言 言 訂 訪 誠 誠			
정성	힘을 다하는 진실된 마음			

貞	貞			
곧을 정	亠 广 内 肖 貞 貞			
淑	淑			
맑을 숙	氵 汢 汢 汁 汫 淑 淑			
정숙	행실이 곧고 마음씨가 맑음			

井	井			
우물 정	一 二 开 井			
底	底			
밑 저	亠 广 广 庐 底 底 底			
정저	우물의 밑바닥			

整	整			
가지런할 정	一束束敕敕整整整			
齊	齊			
가지런할 제	一亠产产齊齊齊			
정제	정돈하여 가지런히 함			

丁	丁			
천간 정	一丁			
亥	亥			
지지 해	、一亠亥亥亥			
정해	육십갑자의 스물네 번째			

提	提			
내놓을 제	扌扌扫担捍捍提			
供	供			
이바지 공	ノイ亻仁件供供			
제공	바치어 이바지함			

堤	堤			
방죽 제	扌扌扫担垾垾堤			
防	防			
막을 방	ˊ了阝阝防防			
제방	수해 예방을 위해 쌓은 둑			

祭	祭			
제사 제	ク夕夕夕丝癸祭			
祀	祀			
제사 사	二亓亓亓示示祀祀			
제사	신령에게 정성을 드리는 의식			

題	題			
머리말 제	口日旦是是題題			
辭	辭			
말 사	爫幺奚奚奚辭辭			
제사	책머리에 적은 글			

第	第			
차례 제	ノ ケ 竹竺笃第第			
二	二			
두 이	一二			
제이	차례의 둘째			

製	製			
지을 제	二牛制制製製製			
品	品			
물품 품	丨口口吕吕品品			
제품	원료를 써서 만들어낸 물품			

諸	諸			
모든 제	言 訁 訁 訝 諸 諸 諸			
侯	侯			
제후 후	ノ 亻 亻 伊 伊 侯 侯			
제후	봉건시대에 천자 밑에 속한 임금			

照	照			
비칠 조	刂 日 日 昭 昭 照 照			
臨	臨			
다다를 림	丮 臣 臤 臨 臨 臨 臨			
조림	해와 달이 위에서 내리 비침			

早	早			
일찍 조	丶 冂 曰 日 旦 早			
晩	晩			
늦을 만	日 旷 旷 晬 晬 晬 晩			
조만	이름과 늦음			

朝	朝			
아침 조	十 古 古 훋 훋 朝 朝			
暮	暮			
저물 모	艹 艹 苩 草 莫 莫 暮			
조모	아침과 저녁			

弔	弔			
조상할 조	𠃍 コ 弓 弔			
詞	詞			
글 사	丶 ᅳ ᆖ 言 訂 訶 詞			
조사	조의의 뜻을 나타낸 글			

租	租			
세금 조	二 千 禾 利 和 利 租			
稅	稅			
세금 세	二 千 禾 秒 秒 秒 稅			
조세	법에 의하여 내는 세금			

燥	燥			
마를 조	丶 火 灶 灯 焜 燥 燥			
濕	濕			
젖을 습	氵 氿 汨 渭 濕 濕 濕			
조습	바싹 마름과 축축이 젖음			

組	組			
짤 조	𡿨 幺 糸 紅 細 組 組			
版	版			
판목 판	ノ 广 片 片 斤 版 版			
조판	활자로 인쇄판을 짜는 일			

族	族				
겨레 족	ㆍ ㅓ 方 方 扩 於 族				
譜	譜				
계보 보	言 訃 訐 謙 諧 諧 譜				
족보	집안의 혈통 관계를 적은 책				

尊	尊				
높을 존	八 什 酋 酋 酋 尊 尊				
卑	卑				
낮을 비	ㆍ 白 白 白 由 鱼 卑				
존비	지위·신분 등의 높음과 낮음				

宗	宗				
종묘 종	ㆍ 宀 宀 宀 宇 宗 宗				
廟	廟				
사당 묘	广 广 庐 庐 庫 廟 廟				
종묘	역대 제왕의 위패를 모신 사당				

縱	縱				
세로 종	幺 糸 糸 紗 縱 縱 縱				
橫	橫				
가로 횡	ㆍ 木 ㆍ 槻 槽 橫 橫				
종횡	세로와 가로				

坐	坐				
앉을 좌	ㆍ ㆍ 巜 ㆍ 坐 坐 坐				
禪	禪				
선 선	ㆍ 차 禸 禆 禪 禮 禪				
좌선	조용히 앉아서 참선함				

左	左				
왼 좌	一 ㅓ ㅏ 左 左				
右	右				
오른 우	ノ ナ 广 右 右				
좌우	왼쪽과 오른쪽, 옆				

罪	罪				
허물 죄	ㆍ ㅁ 罒 罒 罪 罪 罪				
囚	囚				
죄수 수	丨 冂 冈 冈 囚				
죄수	죄를 지어 옥에 갇힌 사람				

州	州				
고을 주	ㆍ ㅓ ㅓ 州 州 州				
民	民				
백성 민	ㆍ ㄱ 尸 尸 民				
주민	'州' 안에 사는 사람들				

注	注				
주석할 주	`丶 氵 氵 汀 汁 注 注`				
釋	釋				
풀 석	`⺼ 平 釆 釆' 釋 釋 釋`				
주석	낱말이나 문장의 뜻을 쉽게 풀이함				

株	株				
주식 주	`十 木 术 栌 栌 栌 林 株`				
式	式				
법식	`一 二 亍 三 式 式`				
주식	주식회사의 자본 구성				

朱	朱				
붉을 주	`丿 ⺊ 二 牛 牛 朱`				
顔	顔				
얼굴 안	`立 产 彦 彦 郭 顔 顔`				
주안	붉은 빛의 얼굴				

晝	晝				
낮 주	`⁊ 글 글 晝 書 書 晝`				
夜	夜				
밤 야	`一 亠 广 产 夜 夜 夜`				
주야	낮과 밤				

周	周				
둘레 주	`丿 刀 月 月 用 周 周`				
圍	圍				
둘레 위	`冂 門 周 圉 圉 圍 圍`				
주위	어떤 곳의 바깥 둘레				

住	住				
살 주	`丿 亻 仁 仁 仨 住 住`				
宅	宅				
집 택	`丶 宀 宀 宅 宅`				
주택	사람이 들어 사는 집				

俊	俊				
뛰어날 준	`丿 亻 仏 伀 伀 俊 俊`				
秀	秀				
빼어날 수	`一 二 千 禾 禾 秀 秀`				
준수	재치나 풍채가 아주 빼어남				

遵	遵				
좇을 준	`八 代 佑 酋 尊 尊 遵`				
守	守				
지킬 수	`丶 宀 宀 守 守`				
준수	규칙·명령을 좇아서 지킴				

仲	仲			
중개할 중	ノ 亻 亻 仐 们 仲			
媒	媒			
중매 매	ㄴ 女 女 姐 姓 婒 媒			
중매	혼인하도록 소개함			

重	重			
겹칠 중	一 一 亩 盲 盲 重 重			
文	文			
글월 문	丶 二 ナ 文			
중문	둘 이상의 절로 된 문장			

中	中			
가운데 중	丶 口 口 中			
央	央			
가운데 앙	丶 口 口 史 央			
중앙	사방의 중심이 되는 곳			

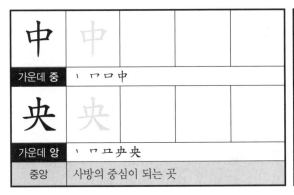

卽	卽			
곧 즉	ノ 亽 自 皀 皀 卽 卽			
席	席			
자리 석	亠 广 广 庐 庐 席 席			
즉석	일이 진행되는 바로 그 자리			

增	增			
더할 증	十 土 圹 圹 圹 増 増			
强	强			
굳셀 강	丂 弓 弨 弨 弨 强 强			
증강	더 늘려 더 강력하게 함			

證	證			
증거 증	亠 言 言 訂 誇 證 證			
券	券			
문서 권	丷 丷 丷 尹 芺 券 券			
증권	증명하는 법적 문서			

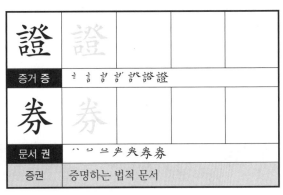

曾	曾			
거듭 증	丶 八 今 今 命 曾 曾			
孫	孫			
손자 손	子 孑 孑 孫 孫 孫			
증손	손자의 아들			

憎	憎			
미워할 증	丶 忄 忄 怡 怡 憎 憎			
惡	惡			
미워할 오	一 亞 亞 亞 惡 惡 惡			
증오	몹시 미워함			

智	智					支	支				
슬기 지	⺊ ⺊ 矢 知 知 智 智					줄 지	一 十 支 支				
略	略					拂	拂				
꾀 략	口 田 吩 吩 畋 略 略					털 불	扌 扌 扌 拃 拂 拂 拂				
지략	슬기로운 계략					지불	돈을 치러 줌				

持	持					遲	遲				
가질 지	扌 扌 扌 扩 扝 持 持					더딜 지	⺆ 尸 屖 屖 屖 犀 遲				
說	說					速	速				
말씀 설	一 言 言 言 討 証 說					빠를 속	一 百 申 束 诔 速				
지설	늘 가지고 있는 의견					지속	더딤과 빠름				

知	知					志	志				
알 지	⺊ ⺊ 午 矢 知 知 知					뜻 지	一 十 士 士 志 志 志				
識	識					操	操				
알 식	言 言 言 訶 請 識 識					지조 조	扌 扌 扌 护 揖 揮 操				
지식	체계화된 인식					지조	의지와 절조				

指	指					陳	陳				
가리킬 지	扌 扌 扌 扩 护 指 指 指					묵을 진	⻖ 阝 阷 阿 陳 陳 陳				
揮	揮					腐	腐				
휘두를 휘	一 扌 扌 扌 护 揮 揮					썩을 부	广 广 府 府 府 腐 腐				
지휘	지시해 일을 하도록 시킴					진부	묵어서 썩음, 낡고 헒				

陣	陣			
진칠 진	³ ³ ³ ³ 阝 阿 陌 陣 陣			
營	營			
진영 영	＊ ⺮⺮ 炒 炒 營 營 營			
진영	군사가 진을 친 구역			

眞	眞			
참 진	⺊ ⺊ ⺊ ⺊ 直 直 眞			
僞	僞			
거짓 위	イ イ イ イ 伊 僞 僞			
진위	사실의 참과 거짓			

珍	珍			
보배 진	⁻ ⁻ 王 玠 玠 珍 珍			
藏	藏			
감출 장	⁺ ⺿ 芽 莎 莎 菇 藏			
진장	진귀하게 여겨 잘 간수함			

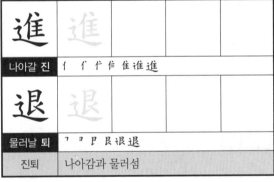

盡	盡			
다할 진	⁻ ⁺ 聿 聿 書 書 畫 盡			
忠	忠			
충성 충	ˋ ⼝ ⼝ 中 忠 忠 忠			
진충	충성을 다함			

鎭	鎭			
진압할 진	⼈ 金 釒 釒 鎙 鎮 鎮			
痛	痛			
아플 통	⁻ ⼴ ⼴ ⽧ 病 痛 痛			
진통	아픔을 진정시킴			

進	進			
나아갈 진	⼍ ⼺ 1′ 1′ 隹 進 進			
退	退			
물러날 퇴	⁊ ⼹ 艮 艮 退 退			
진퇴	나아감과 물러섬			

振	振			
떨 진	⼀ ⼿ 扩 护 扸 振 振			
幅	幅			
폭 폭	⼌ ⼱ ⼱ ⽅ 幅 幅 幅			
진폭	물체가 흔들리는 폭			

辰	辰			
별 진	⁻ ⼚ ⼚ 厔 辰 辰 辰			
韓	韓			
나라이름 한	⁺ 古 卓 軒 韓 韓 韓			
진한	경상도에 위치했던 삼한의 하나			

秩	秩			
차례 질	二 千 禾 禾 秋 秩			
序	序			
차례 서	、 一 广 庐 序 序			
질서	정해져 있는 상호간의 순서			

執	執			
잡을 집	十 土 去 幸 劋 執 執			
脈	脈			
맥 맥	月 月 肵 肵 肵 脈 脈			
집맥	맥을 짚어 진찰하는 일			

集	集			
모을 집	亻 亠 隹 隹 集 集 集			
散	散			
흩을 산	艹 艹 肯 肯 肯 散 散			
집산	모여듦과 흩어짐			

懲	懲			
징계할 징	亻 彳 徨 徨 徵 徵 懲			
戒	戒			
경계할 계	一 二 干 开 戒 戒 戒			
징계	부당행위에 대해 제재함			

徵	徵			
조짐 징	亻 彳 徨 徨 徨 徵 徵			
兆	兆			
조짐 조	ノ ノ オ 兆 兆 兆			
징조	어떤 일이 생길 조짐			

差	差			
어긋날 차	ソ ソ ⳡ ⳡ 羊 差 差			
額	額			
수효 액	宀 安 客 客 額 額 額			
차액	차가 나는 액수			

錯	錯			
어긋날 착	𠂉 牟 金 金 錯 錯 錯			
誤	誤			
그릇할 오	言 言 訳 誤 誤 誤 誤			
착오	착각으로 인한 잘못			

贊	贊			
찬성할 찬	宀 生 生 执 替 替 贊			
頌	頌			
칭송할 송	八 公 公 𩑋 頌 頌 頌			
찬송	찬성하여 칭찬함			

96

慙	慙				
부끄러울 참	一日車車斬斬斬慙				
愧	愧				
부끄러울 괴	忄忄忄忄愧愧愧				
참괴	부끄러워 함				

參	參				
참여할 참	厶厶厽允允夆夆參				
與	與				
참여할 여	卜卜铅铅铅铅與				
참여	참가하여 관계함				

倉	倉				
곳집 창	今今今今仓仓倉倉				
庫	庫				
곳집 고	亠广广广庐庐庫				
창고	물건을 보관해 두는 건물				

唱	唱				
노래 부를 창	丨口叩叩唱唱唱				
劇	劇				
연극 극	广卢卢虍虏虡劇				
창극	판소리 형식으로 꾸민 가극				

蒼	蒼				
푸를 창	艹芍芍茶苍苍蒼蒼				
天	天				
하늘 천	一二チ天				
창천	맑게 갠 새파란 하늘				

滄	滄				
푸를 창	丶氵氵沧沧滄滄滄				
海	海				
바다 해	丶氵汸汸海海海				
창해	넓고 큰 바다, 푸른 바다				

債	債				
빚 채	丿亻仁仹倩倩債				
務	務				
힘쓸 무	矛𫍯予矛矜務務				
채무	빚진 사람의 금전상의 의무				

採	採				
가릴 채	扌扌扩扩扨採採				
算	算				
셈할 산	竹竹符符筲算算				
채산	계산함, 수지가 맞음				

菜	菜			
나물 채	艹 艹 艹 苙 苙 菜 菜			
蔬	蔬			
나물 소	艹 艹 芐 菇 蔬 蔬 蔬			
채소	온갖 푸성귀와 나물			

冊	冊			
책 책	丿 刀 刀 刑 冊 冊			
卷	卷			
책 권	丷 ㅛ 半 朱 巻 卷			
책권	서적의 권질			

悽	悽			
슬퍼할 처	丷 忄 忄 悻 悽 悽 悽			
慘	慘			
참혹할 참	忄 忄 忙 忊 惨 慘 慘			
처참	끔찍스럽게 참혹함			

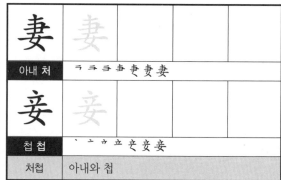

妻	妻			
아내 처	一 ㅋ ㅋ 丰 圭 妻 妻 妻			
妾	妾			
첩 첩	丶 亠 立 立 立 妾 妾			
처첩	아내와 첩			

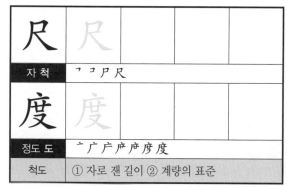

尺	尺			
자 척	丿 コ 尸 尺			
度	度			
정도 도	丶 广 广 庐 庐 庐 度 度			
척도	① 자로 잰 길이 ② 계량의 표준			

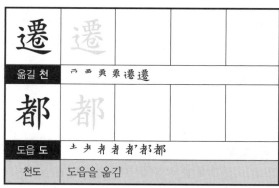

遷	遷			
옮길 천	一 西 覀 票 遷 遷			
都	都			
도읍 도	土 耂 者 者 者 者' 都 都			
천도	도읍을 옮김			

淺	淺			
얕을 천	氵 汁 浅 浅 浅 浅 淺			
慮	慮			
생각 려	一 广 庐 虍 虜 慮 慮			
천려	얕은 생각			

踐	踐			
행할 천	口 卫 卫 武 践 践 踐			
履	履			
밟을 리	一 尸 尸 屏 屏 履			
천리	실제로 이행함			

千				
일천 천	´ 二 千			
弗				
달러 불	¯ ¬ 弓 弔 弗			
천불	1000달러			

川				
내 천	丿 丿川			
魚				
물고기 어	´ ´ ⺈ 台 台 岙 魚 魚			
천어	냇물고기			

鐵				
쇠 철	⺅ ⺉ 金 釒 鉄 銊 鐵 鐵			
鎖				
자물쇠 쇄	⺅ ⺉ 金 釒 鎻 鎖 鎖			
철쇄	쇠로 만든 자물쇠			

哲				
밝을 철	´ ⺈ ⺁ 扩 折 折 哲 哲			
人				
사람 인	丿 人			
철인	학식이 높고 사리에 밝은 사람			

添				
더할 첨	` ⺀ ⺅ 沃 添 添 添			
削				
깎을 삭	` ⺌ ⺍ ⺆ 肖 肖 肖 削			
첨삭	첨가하거나 삭제함			

尖				
뾰족할 첨	丿 ⺌ 小 ⺌ 尖 尖			
塔				
탑 탑	一 ⺉ ⺌ 扩 圤 塔 塔			
첨탑	꼭대기가 뾰족한 탑			

聽				
들을 청	厂 丆 耳 耵 聸 聽 聽			
講				
강론할 강	⺀ 言 言 計 詳 講 講			
청강	강의를 들음			

靑				
푸를 청	⺀ ⺨ 主 青 青 青 青			
綠				
초록빛 록	⺚ 糸 紆 紵 紵 緑 綠			
청록	푸른빛과 초록빛			

廳					
관청 청	广 广 庐 庐 庐 廳 廳				
舍					
집 사	人 스 스 仝 仝 舍 舍				
청사	공공기관의 사무실 건물				

清	清				
맑을 청	丶 氵 氵 沣 沣 清 清				
濁					
흐릴 탁	氵 氵 氵 浯 濁 濁 濁				
청탁	맑음과 흐림				

體	體				
몸 체	罒 罒 骨 髀 體 體 體				
熱	熱				
더울 열	圡 圥 埶 埶 執 熱 熱				
체열	몸에서 나는 열				

初	初				
처음 초	丶 ㇆ 衤 衤 衤 初 初				
刊	刊				
책 펴낼 간	一 二 千 刊 刊				
초간	맨 처음의 간행				

抄					
가릴 초	一 十 扌 扩 扚 抄 抄				
錄	錄				
기록할 록	人 仐 金 釕 鉝 鏵 錄				
초록	필요한 부분만을 뽑아서 적음				

招	招				
부를 초	十 扌 扩 扨 招 招 招				
聘					
부를 빙	丁 王 耳 耵 聘 聘 聘				
초빙	예를 갖춰 불러 맞아들임				

肖	肖				
닮을 초	丶 丷 少 少 肖 肖 肖				
像	像				
형상 상	亻 伫 傗 傛 傛 像 像				
초상	사람의 용모·자태를 그린 화상				

超	超				
뛰어넘을 초	圡 圥 走 起 起 超 超				
逸	逸				
뛰어날 일	ケ 各 争 免 兔 逸 逸				
초일	매우 뛰어남				

燭	燭			
촛불 촉	火 灯 灯 灯 燭 燭 燭			
臺	臺			
대 대	一 士 吉 壴 壹 臺 臺			
촉대	초에 불을 켜 세워 놓은 기구			

村	村			
마을 촌	一 十 才 木 村 村			
驛	驛			
역 역	馬 馬 馬 馬 驛 驛 驛			
촌역	촌에 있는 철도역			

總	總			
모두 총	幺 糸 約 約 絢 總 總			
點	點			
수효 점	口 日 日 里 黑 黑 點 點			
총점	점수의 합계			

聰	聰			
귀 밝을 총	「 耳 耵 耵 耵 聰 聰			
慧	慧			
지혜 혜	三 丰 丰 圭 彗 彗 慧			
총혜	총명하고 슬기로움			

最	最			
가장 최	口 日 旦 昌 量 最 最			
良	良			
좋을 량	丶 ヲ ㅋ ㅋ 皀 良 良			
최량	가장 좋음			

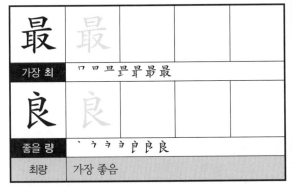

催	催			
재촉할 최	亻 仲 仲 伴 催 催 催			
眠	眠			
잠잘 면	刀 月 目 目 眠 眠 眠			
최면	잠이 오게 함			

抽	抽			
뽑을 추	扌 扌 扌 扫 扣 抽 抽			
拔	拔			
뺄 발	扌 扌 扌 扩 扐 拔			
추발	골라서 추려냄			

追	追			
쫓을 추	亻 阝 阝 自 自 追 追			
憶	憶			
생각할 억	丶 忄 忄 忙 憶 憶 憶			
추억	지난 일을 돌이켜 생각함			

推	推		
천거할 추	扌 扌 扩 扩 扩 推 推		
薦	薦		
천거할 천	艹 艹 产 萨 薦 薦 薦		
추천	인재를 천거함		

秋	秋		
가을 추	一 二 千 禾 禾 秒 秋		
毫	毫		
가는 털 호	一 亠 古 亭 亭 毫 毫		
추호	가을 짐승의 털, 몹시 적음의 비유		

逐	逐		
쫓을 축	一 丁 豕 豕 涿 逐		
鹿	鹿		
사슴 록	一 广 户 户 庐 鹿 鹿		
축록	천하를 얻고자 영웅이 다투는 일		

畜	畜		
기를 축	一 亠 玄 育 育 畜 畜		
産	産		
생산할 산	一 亠 立 产 产 庍 産		
축산	가축을 쳐 유익한 것을 얻는 일		

衝	衝		
부딪칠 충	彳 彳 徊 徊 衝 衝		
突	突		
부딪칠 돌	宀 宀 灾 空 灾 突 突		
충돌	서로 마주 부딪침		

取	取		
취할 취	一 丁 耳 耳 耳 取 取		
捨	捨		
버릴 사	扌 扩 扮 拎 拎 捨 捨		
취사	취할 것은 취하고 버릴 것은 버림		

就	就		
나아갈 취	一 古 京 京 京 就 就		
航	航		
건널 항	丿 丹 月 舟 舟 舫 航		
취항	선박이 향해의 길에 나섬		

趣	趣		
뜻 취	土 走 走 起 趣 趣 趣		
向	向		
향할 향	丿 亻 向 向 向 向		
취향	취미가 쏠리는 방향		

側	側			
곁 측	ノイ们但俱側側			
近	近			
가까울 근	´ ㄱ ㅏ 斤 斤 近 近			
측근	곁의 가까운 곳, 측근자			

測	測			
측량할 측	` ㅣ 沪 汛 浿 測 測			
量	量			
헤아릴 량	口日旦昌昌量量			
측량	재어서 계산함			

齒	齒			
이 치	卜 止 步 歩 齒 齒 齒			
科	科			
과목 과	二千千禾禾科科			
치과	이를 치료하는 의학의 한 분과			

治	治			
다스릴 치	` ㅣ 氵 汋 冹 治 治 治			
亂	亂			
어지러울 란	ㅸ ㅸ 肖 肖 肖 亂			
치란	혼란한 세상을 다스림			

置	置			
둘 치	口 皿 冊 罗 罗 置 置			
簿	簿			
장부 부	竹 竹 笘 簈 簫 簿 簿			
치부	출납한 내용을 기록함			

致	致			
드릴 치	一 ㄖ 至 到 刭 劲 致			
賀	賀			
하례할 하	コ カ 加 加 智 智 賀			
치하	칭찬·축하의 뜻을 표함			

親	親			
친할 친	亠 立 辛 亲 亲 親 親			
睦	睦			
화목할 목	刀 目 旷 肟 肽 胜 睦			
친목	서로 친하여 화목함			

漆	漆			
옻칠할 칠	氵 汁 沐 冰 漆 漆 漆			
器	器			
그릇 기	丶 口 叩 叩 哭 哭 器			
칠기	옻칠한 그릇이나 기구			

七	七				
일곱 칠	一七				
層	層				
층 층	尸 尸 尸 屄 屄 屄 層				
칠층	일곱 층				

寢	寢				
잠잘 침	宀 宀 宀 宧 宧 寢 寢				
室	室				
방 실	宀 宀 宀 宏 宏 室 室				
침실	잠자도록 마련된 방				

浸	浸				
번질 침	氵 氵 氵 浸 浸 浸 浸				
透	透				
통할 투	二 千 禾 禾 秀 透 透				
침투	속으로 스며 젖어듦				

稱	稱				
칭찬할 칭	二 千 禾 禾 稻 稱 稱 稱				
讚	讚				
기릴 찬	言 言 誩 讚 讚 讚 讚				
칭찬	좋은 점을 일컬어 기림				

快	快				
쾌할 쾌	丶 忄 忄 忄 快 快				
晴	晴				
갤 청	日 日 旷 旷 晴 晴				
쾌청	구름 한 점 없이 날씨가 맑음				

打	打				
칠 타	一 十 扌 扌 打				
倒	倒				
넘어질 도	丿 亻 亻 仾 佇 侄 倒				
타도	때리거나 쳐서 거꾸러뜨림				

墮	墮				
떨어질 타	阝 阼 陟 陏 隋 墮 墮				
落	落				
떨어질 락	艹 艹 艾 莎 荟 落 落				
타락	잘못된 길로 빠짐				

妥	妥				
온당할 타	丿 爫 爫 办 巠 妥 妥				
協	協				
화합할 협	十 十 扐 捗 协 協 協 協				
타협	서로 좋도록 협의함				

琢	琢			
쫄 탁	王 王 玎 玎 玝 琢 琢 琢			
磨	磨			
갈 마	广 广 广 麻 麻 磨 磨 磨			
탁마	학문이나 덕행을 힘써 닦고 갊			

彈	彈			
탈 탄	弓 弓 弭 弭 彈 彈 彈			
琴	琴			
거문고 금	三 王 王 珏 珏 琴 琴			
탄금	거문고·가야금을 탐			

脫	脫			
벗어날 탈	几 月 胪 胪 胪 胪 脫			
團	團			
모임 단	冂 冂 同 団 団 團 團			
탈단	소속한 '團'에서 탈퇴함			

探	探			
찾을 탐	扌 扌 扩 抨 抨 探 探			
索	索			
찾을 색	十 宀 中 玄 索 索 索			
탐색	실상을 더듬어 찾음			

貪	貪			
탐낼 탐	人 仐 仐 仐 仐 貪 貪			
財	財			
재물 재	丨 冂 目 貝 貝 財 財			
탐재	재물을 탐함			

泰	泰			
클 태	一 三 夫 表 泰 泰 泰			
斗	斗			
별 이름 두	丶 丶 三 斗			
태두	가장 존경을 받는 사람			

殆	殆			
거의 태	一 歹 歹 死 殆 殆 殆			
半	半			
반 반	丶 丷 半			
태반	거의 절반			

擇	擇			
가릴 택	扌 扌 扩 抨 抨 擇 擇			
偶	偶			
짝 우	亻 伊 伊 偶 偶 偶 偶			
택우	배우자를 고름			

吐	吐				
토할 토	ノ ロ ロ ロ ロ・吐				
露	露				
드러날 로	干零雫雫雫霑露				
토로	속마음을 드러내어 말함				

兎	兎				
토끼 토	ノ イ 仁 台 免 兎 兎				
脣	脣				
입술 순	厂 厏 辰 辰 脣 脣 脣				
토순	찢어진 윗입술, 언청이				

土	土				
흙 토	一 十 土				
壤	壤				
땅 양	土 圹 圹 墇 壤 壤				
토양	곡물 등이 생장할 수 있는 흙				

討	討				
궁구할 토	丶 亠 言 言 言 討 討				
議	議				
의논할 의	亠 言 言 計 計 詳 議 議				
토의	검토하고 협의하는 일				

投	投				
던질 투	一 十 扌 扩 扒 投 投				
球	球				
공 구	二 干 王 王 玗 玝 球				
투구	공을 던짐				

特	特				
특별할 특	丿 牛 牛 半 牪 特 特				
殊	殊				
뛰어날 수	歹 歹 殀 殀 殊 殊 殊				
특수	보통보다 특별히 다름				

派	派				
보낼 파	丶 氵 氵 沂 沂 浱 派 派				
遣	遣				
보낼 견	丨 口 虫 虫 虫 遣 遣				
파견	일정한 임무를 주어 사람을 보냄				

波	波				
물결 파	丶 氵 氵 沪 沪 波 波				
浪	浪				
물결 랑	氵 沪 沪 泹 泹 浪 浪				
파랑	작은 물결과 큰 물결				

罷	罷				
내칠 파	⼞ ⼞ ⼞ 罒 冐 冐 罷 罷				
免	免				
내칠 면	⼃ ⼇ ⼇ 缶 色 免 免				
파면	직무를 그만두게 함				

播	播				
씨 뿌릴 파	⼀ ⼁ ⼡ 扩 採 採 播 播				
種	種				
씨 종	千 禾 禾 秆 秆 秆 種 種				
파종	곡식의 씨앗을 뿌려 심음				

頗	頗				
자못 파	厂 ⼫ 皮 皮 皮 断 頗 頗				
香	香				
향기 향	⼃ ⼆ 千 禾 香 香 香				
파향	자못 향기로움				

破	破				
깨뜨릴 파	⼂ 石 矴 矿 矿 砑 破 破				
毁	毁				
헐 훼	⼂ 白 白 臼 臼 毁 毁				
파훼	깨뜨리어 헐어버림				

販	販				
팔 판	冂 日 貝 貝 販 販 販				
路	路				
길 로	⼝ ⾜ ⾜ 跣 跞 路 路				
판로	상품이 팔리는 방면이나 길				

八	八				
여덟 팔	⼃ 八				
斤	斤				
근 근	⼃ ⼁ ⼂ 斤				
팔근	여덟 근				

編	編				
엮을 편	幺 糸 糹 紵 紵 編 編				
隊	隊				
군대 대	⼃ ⼅ ⼢ 阶 阶 隊 隊				
편대	대오를 편성함				

遍	遍				
두루 편	⼂ ⼀ ⼾ 户 扁 遍 遍				
歷	歷				
다닐 력	厂 厈 厈 屛 歷 歷 歷				
편력	널리 돌아다님				

片	片				
한쪽 편	ノ 丿 ノ 片				
面	面				
면 면	一 丆 而 面 面				
편면	한쪽 면				

便	便				
편할 편	亻 亻 伯 伯 佰 便 便				
宜	宜				
마땅할 의	丷 宀 宁 宁 宜 宜 宜				
편의	생활하는데 편리하고 좋음				

平	平				
보통 평	一 一 六 丆 平				
凡	凡				
범상할 범	丿 几 凡				
평범	뛰어나지 않고 예사로움				

肺	肺				
허파 폐	月 月 月' 肀 肀 肺 肺				
臟	臟				
오장 장	月 肝 胪 胪 臟 臟 臟				
폐장	폐, 허파				

廢	廢				
폐할 폐	广 广 广 庐 庙 廃 廢				
止	止				
그칠 지	卜 卜 止 止				
폐지	제도 등을 그만두거나 없앰				

浦	浦				
물가 포	氵 氵 汀 沪 洦 洦 浦				
口	口				
어귀 구	丨 冂 口				
포구	배가 드나드는 개의 어귀				

包	包				
쌀 포	丿 勹 勺 匀 包				
裝	裝				
꾸밀 장	丬 爿 拝 拼 拼 裝 裝				
포장	물건을 싸서 꾸림				

捕	捕				
잡을 포	扌 扌 扩 捐 捐 捕 捕				
捉	捉				
잡을 착	扌 扌 扣 扣 捉 捉 捉				
포착	① 꼭 붙잡음 ② 요령을 얻음				

飽	飽				
배부를 포	ノ勹今食飠飽飽				
享	享				
누릴 향	亠亠六古亯享享				
포향	흡족하게 누림				

爆	爆				
폭발할 폭	火炟煋煋爆爆爆				
擊	擊				
칠 격	亘車軎軐轂轚擊				
폭격	폭탄을 떨어뜨려 하는 공격				

暴	暴				
가로차갈 폭	一曰旦昱果暴暴暴				
利	利				
이로울 리	ノ二千禾禾利利				
폭리	엄청나게 남기는 부당한 이익				

表	表				
거죽 표	二主丰耒耒表				
裏	裏				
속 리	亠亠亩重裏裏裏				
표리	겉과 속				

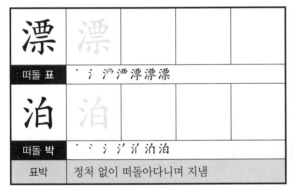

漂	漂				
떠돌 표	丶氵沪潭潭潭漂				
泊	泊				
떠돌 박	丶丶氵氵沪泊泊				
표박	정처 없이 떠돌아다니며 지냄				

標	標				
표 표	十才柙栖標標標				
準	準				
법도 준	氵氵沪浐浐准準				
표준	사물의 정도를 정하는 목표				

楓	楓				
단풍나무 풍	十才机枫枫枫楓				
岳	岳				
큰 산 악	厂斤斤丘岳岳岳				
풍악	가을의 금강산을 일컫는 말				

被	被				
입을 피	ラオ衤衤衤被被				
檢	檢				
검속할 검	十才松松槍檢檢				
피검	① 검거됨 ② 검사를 받음				

疲	疲			
지칠 피	广广疒疒疒疲疲疲			
困	困			
곤할 곤	丨冂冂冃用用困			
피곤	몸·마음이 지쳐서 고달픔			

皮	皮			
가죽 피	丿厂广皮皮			
膚	膚			
살갗 부	广广虍虐膚膚			
피부	살갗			

彼	彼			
저 피	彳彳彳彳彷彼彼			
此	此			
이 차	丨卜止止此此			
피차	① 저것과 이것 ② 서로			

畢	畢			
마칠 필	丨冂日甲甲畢畢			
竟	竟			
마침내 경	亠立立音音音竟			
필경	마침내, 결국에는			

筆	筆			
붓 필	𠂉𠂉𥪡竹竹等筆筆			
墨	墨			
먹 묵	冂冂四里黑黑墨			
필묵	붓과 먹			

必	必			
반드시 필	丶丿必必必			
須	須			
모름지기 수	丿彡彡彳狎須須			
필수	꼭 필요함			

荷	荷			
짐 하	丶艹艹芢芢荷荷			
物	物			
물건 물	丿牛牛牜牜物物物			
하물	실어 나르는 짐			

下	下			
아래 하	一丁下			
弦	弦			
반달 현	丿彐弓彋弦弦弦			
하현	음력 22~23일경의 달			

寒	寒				
찰 한	丶宀宀宙宙宲寒寒				
暖	暖				
따뜻할 난	日 日 日 ㅌㅌ ㅌㅌ 暖 暖				
한난	추움과 따뜻함				

旱	旱				
가물 한	丨 口 曰 日 旦 旦 旱				
雷	雷				
우뢰 뢰	一 丶 雨 雨 雫 雷 雷				
한뢰	마른 천둥				

閑	閑				
한가할 한	丨 冂 冃 門 門 門 閑 閑				
寂	寂				
고요할 적	宀 宀 宀 宀 宇 宇 宗 寂				
한적	한가하고 고요함				

汗	汗				
땀 한	丶 丶 氵 汀 汗 汗				
蒸	蒸				
찔 증	艹 艹 芖 莁 菾 蒸 蒸				
한증	몸을 덮혀 땀을 내 병을 고치는 일				

割	割				
나눌 할	丶 宀 宔 宔 害 害 割				
據	據				
웅거할 거	扌 扩 扩 护 撐 撐 據				
할거	토지나 국토를 분할해 웅거함				

含	含				
머금을 함	丿 人 亼 今 今 今 含 含				
憤	憤				
분할 분	丶 忄 忄 忡 愔 愔 愔 憤				
함분	분한 마음을 품음				

咸	咸				
다 함	厂 厂 斥 咸 咸 咸				
池	池				
못 지	丶 丶 氵 氵 汕 池				
함지	해가 져서 들어간다는 못				

合	合				
합할 합	丿 人 亼 合 合 合				
邦	邦				
나라 방	一 二 三 丯 丰 邦 邦				
합방	둘 이상의 나라를 하나로 합침				

抗				
대항할 항	一 十 扌 扌 扩 扩 抗			
拒				
맞설 거	十 扌 扌 扩 拒 拒 拒			
항거	순종하지 않고 맞서 대항함			

巷				
거리 항	一 艹 卄 共 共 恭 巷			
談				
이야기 담	亠 言 言 訁 訟 談 談			
항담	항간에 떠도는 말			

恒				
항상 항	丶 忄 忄 恒 恒 恒 恒			
常				
항상 상	丶 业 芇 常 常 常 常			
항상	언제나, 늘			

奚				
어찌 해	一 爫 爫 盃 盃 奚 奚			
暇				
겨를 가	刂 日 日 肝 眤 眤 暇			
해가	어느 겨를에			

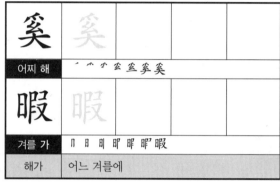

該				
넓을 해	亠 言 言 訁 該 該 該			
博				
넓을 박	十 忄 恒 博 博 博 博			
해박	다방면으로 학식이 넓음			

解				
풀 해	夕 角 角 角 解 解 解			
析				
나눌 석	一 十 才 木 析 析 析			
해석	자세히 풀어서 설명함			

核				
핵 핵	十 木 朾 栌 核 核 核			
質				
바탕 질	厂 片 乕 所 所 質 質			
핵질	세포 핵 속에 차 있는 물질			

行				
다닐 행	丿 夕 彳 彳 行 行			
廊				
행랑 랑	亠 广 庐 庐 庐 廊 廊			
행랑	대문간에 붙어 있는 방			

幸	다행 행	一 十 土 キ 去 幸 幸
福	복 복	二 示 示 示 福 福 福
행복	만족을 느껴 즐거운 상태	

許	허락할 허	二 言 言 言 許 許
諾	승낙할 락	言 言 言 許 許 許 諾
허락	청하는 일을 들어줌	

虛	빌 허	广 卢 虎 虎 席 虛
實	열매 실	宀 宀 宵 宵 實 實 實
허실	공허와 충실	

軒	추녀 헌	一 ㄒ 亘 車 軒 軒 軒
燈	등잔 등	丶 火 炒 炒 燈 燈 燈
헌등	처마에 다는 등	

革	고칠 혁	一 ㅛ 艹 艹 芇 革 革
政	정사 정	丁 ㅜ 正 正 政 政 政
혁정	정치를 개혁함	

縣	고을 현	ㄇ 目 且 貝 縣 縣 縣
令	우두머리 령	丿 人 스 今 令
현령	큰 현의 원	

絃	현악기 현	丶 幺 糸 糸 紆 絃 絃
樂	풍류 악	自 自 純 絲 樂 樂
현악	현악기로 연주되는 음악	

懸	매달 현	目 且 県 縣 縣 懸 懸
案	안건 안	宀 宀 安 安 安 案
현안	해결되지 않은 채로 남은 문제	

賢	賢			
어질 현	一 臣 臤 臤 腎 賢 賢			
愚	愚			
어리석을 우	口 日 旦 禺 禺 愚 愚			
현우	현명함과 어리석음			

現	現			
나타날 현	一 二 王 玑 玥 玥 現			
場	場			
마당 장	一 土 圳 坦 坦 場 場			
현장	일이 진행되고 있는 그곳			

顯	顯			
나타날 현	日 旦 㬎 㬎 顯 顯 顯			
著	著			
나타날 저	一 艹 艹 芏 芓 著 著 著			
현저	뚜렷이 드러남			

玄	玄			
검을 현	丶 亠 亡 玄 玄			
黃	黃			
누를 황	一 廾 廾 昔 昔 苗 黃			
현황	검은 하늘빛과 누른 땅			

螢	螢			
반딧불 형	火 炏 𤇾 𤇾 螢 螢 螢			
雪	雪			
눈 설	雨 雨 雨 雨 雪 雪 雪			
형설	갖은 고생을 하며 공부한다는 말			

形	形			
형상 형	一 二 于 开 开 形 形			
影	影			
그림자 영	日 旦 昌 景 景 影 影			
형영	형체와 그림자			

亨	亨			
형통할 형	丶 亠 亣 亨 亨 亨 亨			
通	通			
통할 통	フ マ 甬 甬 甬 涌 通			
형통	온갖 일이 뜻대로 잘 됨			

惠	惠			
은혜 혜	一 币 亩 亩 亩 恵 惠			
澤	澤			
은혜 택	氵 氵 澤 澤 澤 澤 澤			
혜택	은혜와 덕택			

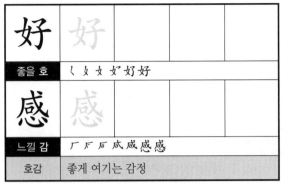
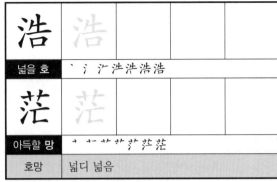

好	좋을 호	感	느낄 감	**호감** 좋게 여기는 감정

浩	넓을 호	茫	아득할 망	**호망** 넓디 넓음

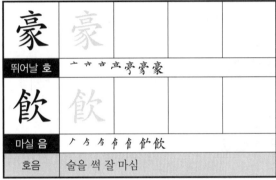

互	서로 호	選	뽑을 선	**호선** 특정인이 모여 서로 뽑음

豪	뛰어날 호	飮	마실 음	**호음** 술을 썩 잘 마심

胡	오랑캐 호	蝶	나비 접	**호접** 나비

呼	부를 호	出	나갈 출	**호출** 불러냄

護	지킬 호	憲	법 헌	**호헌** 헌법을 수호함

虎	범 호	穴	구멍 혈	**호혈** 범의 굴, 가장 위험한 곳

或	혹혹	一 ㄱ ㄲ ㄲ ㄲ 或 或
時	때시	ㅣㅣ 日 日⁺ 旷 旷 時 時
혹시	어떤 때에	

混	섞을 혼	氵 沪 沪 沪 涅 涅 混
成	이룰 성	) 厂 成 成 成 成
혼성	혼합하여 이루어짐	

紅	붉을 홍	ㄴ 幺 幺 糸 糸 紅 紅
爐	화로 로	火 炉 炉 炉 爐 爐 爐
홍로	붉게 단 화로	

洪	큰물 홍	氵 氵 汁 洪 洪 洪 洪
水	물 수	] 기 水 水
홍수	큰 물, 넘쳐흐를 정도로 많음	

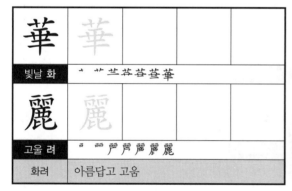

華	빛날 화	⺿ 花 花 苣 莑 莑 華
麗	고울 려	厂 麗 严 严 严 麗 麗
화려	아름답고 고움	

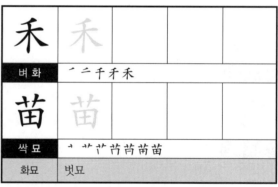

禾	벼 화	ノ 一 二 千 禾 禾
苗	싹 묘	⺿ 花 花 苎 茁 苗 苗
화묘	볏묘	

禍	재앙 화	二 千 禾 和 福 禍 禍
厄	재앙 액	一 厂 厄 厄
화액	재앙과 곤란	

和	온화할 화	一 二 千 禾 禾 和 和
暢	화창할 창	ㄇ 日 旦 申 旫 晿 暢 暢
화창	날씨가 온화하고 맑음	

貨				
재화 화	㇒ 化 作 貨 貨 貨 貨			
幣				
돈 폐	丷 内 甫 敝 敝 幣 幣			
화폐	상품의 교환·유통의 매개물			

擴				
늘릴 확	扌 扩 扩 擴 擴 擴			
充				
찰 충	、 一 二 云 𠫓 充			
확충	넓히고 보태어 충실하게 함			

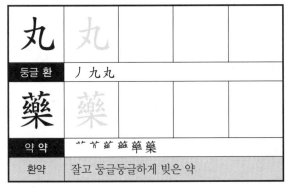

丸				
둥글 환	丿 九 丸			
藥				
약 약	艹 茾 菌 蕐 藥 藥			
환약	잘고 둥글둥글하게 빚은 약			

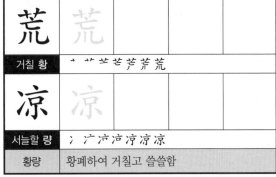

荒				
거칠 황	艹 艹 荒 荒 芒 荒 荒			
凉				
서늘할 량	冫 广 冻 冻 凉 凉 凉			
황량	황폐하여 거칠고 쓸쓸함			

皇				
임금 황	亻 宀 白 白 皂 皇 皇			
帝				
임금 제	、 一 亠 产 产 帝 帝			
황제	제국군주의 존칭, 임금			

回				
돌아볼 회	丨 冂 冋 回 回 回			
顧				
돌아볼 고	彐 尸 屏 雇 顧 顧 顧			
회고	지난 일을 돌이켜 생각함			

灰				
석회 회	一 ナ 大 太 灰 灰			
壁				
바람벽 벽	尸 居 辟 辟 辟 壁 壁			
회벽	석회를 바른 벽			

懷				
품을 회	丶 忄 忙 忙 懦 懷 懷			
抱				
안을 포	扌 扌 扩 扚 抝 抱 抱			
회포	마음속에 품은 생각			

悔	悔		
뉘우칠 회	`丶丷忄忙忙悔悔悔`		
恨	恨		
뉘우칠 한	`丶丨忄忄忤恨恨恨`		
회한	뉘우치고 한탄함		

曉	曉		
새벽 효	`刀日旷旷旷睡曉`		
霧	霧		
안개 무	`雨雨雩雰霧霧霧`		
효무	새벽녘에 끼는 안개		

孝	孝		
효도 효	`一十土耂老孝孝`		
子	子		
아들 자	`フ了子`		
효자	부모를 잘 섬기는 아들		

效	效		
본받을 효	`一亠亥刻刻效效`		
則	則		
법 칙	`丨冂冂目貝貝則`		
효칙	본받아 법으로 삼음		

厚	厚		
두터울 후	`厂厈厈厈厈厚厚`		
薄	薄		
엷을 박	`艹芦莎莎蒲薄薄`		
후박	두꺼움과 얇음, 후함과 박함		

喉	喉		
목구멍 후	`口叮叮咛哞喉喉`		
舌	舌		
혀 설	`丿二千舌舌舌`		
후설	목구멍과 혀		

候	候		
철 후	`亻亻仸仸佐候候`		
鳥	鳥		
새 조	`厂冖皀皀皀鳥鳥`		
후조	철새		

訓	訓		
가르칠 훈	`丶二言言言訓`		
育	育		
기를 육	`亠云云育育育`		
훈육	가르쳐 기름		

休	休			
쉴 휴	ノ イ イ 仆 什 休			
憩	憩			
쉴 게	二 千 舌 甛 甛 憩 憩			
휴게	일을 하다가 잠깐 쉼			

携	携			
들 휴	十 扌 扌 拃 摧 摧 携			
帶	帶			
띠 대	一 卄 卅 卅 卅 帶 帶			
휴대	손에 들거나 몸에 지님			

胸	胸			
가슴 흉	刀 月 肝 胪 胸 胸 胸			
骨	骨			
뼈 골	丶 冂 冂 丹 丹 骨 骨			
흉골	양쪽 갈빗대를 연결하는 뼈			

凶	凶			
흉년들 흉	ノ メ 凶 凶			
豊	豊			
풍성할 풍	丶 冂 冂 曲 曲 曹 豊			
흉풍	흉년과 풍년, 흉작과 풍작			

吸	吸			
빨아들일 흡	丶 冂 口 叮 吸 吸			
血	血			
피 혈	ノ 亻 亇 白 血 血			
흡혈	피를 빨아들임			

興	興			
일어날 흥	ア 千 月 用 闸 興			
奮	奮			
떨칠 분	六 木 奔 奞 奮 奮 奮			
흥분	감정이 북받쳐 일어남			

戲	戲			
희롱할 희	丨 卜 뉴 广 庐 虍 虍 虎 虘 虘 虛 戲 戲 戲			
弄	弄			
희롱할 롱	一 二 干 王 玉 弄 弄			
희롱	실없이 놀리는 짓			

稀	稀			
드물 희	二 千 禾 彩 釉 稀 稀			
世	世			
세상 세	一 十 卅 卅 世			
희세	세상에 드묾			

熙	熙				
기뻐할 희	ᄀ ᄀ ᄄ ᄄ 昈 熙 熙 熙				
笑	笑				
웃을 소	ᄼ ᄽ ᄽ ᄽ ᄽ ᄽ ᄽ 笑				
희소	기뻐하여 웃음				

喜	喜				
기쁠 희	十 土 吉 吉 吉 喜 喜				
悅	悅				
기쁠 열	ᄼ 忄 忄 忭 忰 忰 悅				
희열	기쁨과 즐거움				

噫	噫				
탄식할 희	ᄆ 吖 咗 唁 噎 噎 噫 噫				
嗚	嗚				
탄식할 오	ᄆ 吖 吖 啍 嗚 嗚 嗚				
희오	탄식하며 괴로워하는 모양				

希	希				
바랄 희	ノ メ ナ 矛 矛 希 希				
願	願				
원할 원	厂 厃 原 原 願 願 願				
희원	앞일에 대해 바라는 기대				

❀ 연령별 한자 의미와 유래 ❀

子曰 吾十有五而志于學(자왈오십유오이지우학)하고 三十而立(삼십이립)하고 四十而不惑(사십이불혹)하고
五十而知天命(오십이지천명)하고 六十而耳順(육십이이순)하고 七十而從心所欲(칠십이종심소욕)하되 不踰矩(불유구)라.
<爲政(위정편)>

· **50세**
지명(知命): 공자(孔子)가 50세에 천명(天命: 인생의 의미)을 알았다는 데서 유래. "知天命"의 준말.

· **61세**
환갑(還甲)·회갑(回甲): 환력(還曆). 대이난 해의 간지(干支)가 되돌아간다는 의미. 곧 60년이 지나 다시 본래 자신의 출생년의 간지로 되돌아가는 것. 풍습에 축복(祝福)해 주는 잔치를 벌임.
화갑(華甲): 화(華)자를 파자(破字)하면 십(十)자 여섯 번과 일(一)자가 되어 61세라는 의미.

· **70세**
종심(從心): 공자(孔子)가 70세에 마음먹은 대로 행동해도 법도에 어긋나지 않았다는 데서 유래. 從心所欲 不踰矩에서 준말.
고희(古稀): 두보(杜甫)의 시 '곡강(曲江)'의 구절 "人生七十古來稀 (사람이 태어나 70세가 되기는 예로부터 드물었다.)"에서 유래.

· **77세**
희수(喜壽): 희(喜)자를 초서(草書)로 쓸 때 "七十七"처럼 쓰는 데서 유래. 일종의 파자(破字)의 의미.

· **80세**
산수(傘壽): 산(傘)자의 약자(略字)가 팔(八)을 위에 쓰고 십(十)을 밑에 쓰는 것에서 유래.

· **88세**
미수(米壽): 미(米)자를 파자(破字)하면 "八十八"이 되는 데시 유래. 혹은 농부가 모를 심어 추수를 할 때까지 88번의 손질이 필요하다는 데서 유래.

· **90세**
졸수(卒壽): 졸(卒)의 속자(俗字)가 아홉 구(九)자 밑에 열 십(十)자로 사용하는 데서 유래.
동리(凍梨): 언(凍) 배(梨)의 뜻. 90세가 되면 얼굴에 반점이 생겨 언 배 껍질 같다는 데서 유래.

· **99세**
백수(白壽): 백(百)에서 일(一)을 빼면 백(白)자가 되므로 99세를 나타냄.

ㄱ

街談巷說(가담항설) : 항간에 떠도는 소문.

苛斂誅求(가렴주구) : ① 가혹하게 착취함. ② 조세를 가혹하게 징수함.

刻骨難忘(각골난망) : 은덕을 입은 고마움을 뼛속 깊이 새겨 잊지 않음. 白骨難忘(백골난망)

刻舟求劍(각주구검) : 낡은 생각만을 고집하여 융통성이 없고 세상일에 어둡다는 말.

甘呑苦吐(감탄고토) : 달면 삼키고 쓰면 뱉는다는 것으로 사리의 옳고 그름을 돌보지 않고 자기 이로울 대로 한다는 말.

甲男乙女(갑남을녀) : 평범한 사람들. 匹夫匹婦(필부필부), 張三李四(장삼이사)

改過遷善(개과천선) : 지난 허물을 고치고 옳은 길로 들어 섬.

去頭截尾(거두절미) : 일의 앞과 뒤를 잘라버리고 요점만 말함.

乾坤一擲(건곤일척) : 흥망·승패를 걸고 단판 승부를 겨루는 것. 垓下之戰(해하지전)

格物致知(격물치지) : ①「대학」에 나오는 말로 6례(六禮)를 습득하여 지식을 명확히 한다는 말.
②주자학의 용어로 사물의 이치를 연구하여 후천(後天)의 지식을 명확히 함.

隔世之感(격세지감) : 다른 세상으로 바뀐 듯 많은 변화가 있었음의 비유.

牽强附會(견강부회) : 이치에 맞지 않는 말을 억지로 끌어 붙여 자기 주장의 조건에 맞도록 함.
曲學阿世(곡학아세), 指鹿爲馬(지록위마)

犬馬之勞(견마지로) : ① 자기의 노력을 낮추어 하는 말. ② 임금이나 나라에 충성을 다하는 일.
犬馬之誠(견마지성), 盡忠報國(진충보국), 粉骨碎身(분골쇄신)

見物生心(견물생심) : 실물을 보고 욕심이 생김.

堅忍不拔(견인불발) : 굳게 참고 버티어 마음을 빼앗기지 아니 함.

結草報恩(결초보은) : 죽어서까지라도 은혜를 잊지 않고 갚음.

經國濟世(경국제세) : 나라를 경륜하고 세상을 구함. '經濟(경제)'는 이의 준말.

鷄卵有骨(계란유골) : 달걀 속에도 뼈가 있다는 뜻으로, 뜻밖에 장애물이 생김을 이르는 말.

股肱之臣(고굉지신) : 자신의 팔다리같이 믿음직스러워 중하게 여기는 신하.

苦肉之策(고육지책) : 적을 속이기 위해 자신의 희생을 무릅쓰고 꾸미는 계책. 苦肉之計(고육지계)

孤掌難鳴(고장난명) : ① 손바닥 하나로는 소리가 나지 않는다는 뜻으로 혼자 힘으로 일하기 어렵다는 말. ② 서로 같으니 싸움이 난다는 말.

苦盡甘來(고진감래) : 고생 끝에 즐거움이 온다는 것을 말함.

曲學阿世(곡학아세) : 그른 학문으로 세속에 아부함.

管鮑之交(관포지교) : 옛날 중국의 관중과 포숙처럼 친구 사이가 다정함을 이름.
莫逆之友(막역지우), 水魚之交(수어지교), 刎頸之交(문경지교),
金蘭之交(금란지교), 竹馬故友(죽마고우)

刮目相對(괄목상대) : 눈을 비비고 본다는 말로, 다른 사람의 학문이나 덕행이 크게 진보한 것을 말함.

矯角殺牛(교각살우) : 뿔을 고치려다 소를 죽인다는 말로, 작은 일에 힘쓰다가 오히려 큰 일을 망친다는 뜻.
小貪大失(소탐대실)

巧言令色(교언영색) : 남에게 아첨하느라고 듣기 좋게 꾸미는 말과 얼굴빛.

口尙乳臭(구상유취) : 입에서 젖내가 날 만큼 언행이 유치함.

九牛一毛(구우일모) : 아홉 마리 소 가운데 터럭 하나로, 많은 것 가운데 극히 적은 것을 말함.

九折羊腸(구절양장) : 양의 창자처럼 험하고 꼬불꼬불한 산길. 길이 매우 험함을 이름.

群鷄一鶴(군계일학) : 닭 무리에 끼여 있는 한 마리의 학이란 뜻으로, 평범한 사람 가운데서 뛰어난 사람. 白眉
(백미), 囊中之錐(낭중지추)

群雄割據(군웅할거) : 여러 영웅이 각지에서 세력을 다툼.

勸善懲惡(권선징악) : 선행을 권하고 악행을 벌함.

捲土重來(권토중래) : ① 한 번 실패에 굴하지 않고 몇 번이고 다시 일어남.
② 세력을 회복하여 다시 쳐들어옴. 臥薪嘗膽(와신상담), 七顚八起(칠전팔기)

近墨者黑(근묵자흑) : 먹을 가까이 하는 사람은 검어진다는 뜻으로, 나쁜 사람과 사귀면 좋지 않은 버릇에 물들
기 쉽다는 말.

金科玉條(금과옥조) : 금이나 옥같이 귀중한 법칙이나 규정을 말함.

錦上添花(금상첨화) : 좋고 아름다운 것 위에 더 좋은 것을 더한다는 뜻.

金石盟約(금석맹약) : 금석과 같이 굳게 맺은 약속.

錦衣還鄕(금의환향) : 비단 옷을 입고 고향으로 돌아온다는 뜻으로, 타향에서 크게 성공하여 자기 집으로 돌아
감을 이름.

金枝玉葉(금지옥엽) : 임금의 자손이나 귀한 집안의 귀여운 자손을 일컫는 말.

ㄴ

難兄難弟(난형난제) : 누구를 형이라 하고 누구를 동생이라 할지 분간하기가 어려움. 옳고 그름이나 우열을 가
리기가 어렵다는 말. 莫上莫下(막상막하), 伯仲之勢(백중지세)

南柯一夢(남가일몽) : 꿈과 같이 헛된 한때의 부귀영화를 일컬음. 一場春夢(일장춘몽), 醉生夢死(취생몽사)

囊中之錐(낭중지추) : 주머니 속에 든 송곳과 같이 재주가 뛰어난 사람은 숨어 있어도 저절로 사람들이 알게 됨
을 말함.

綠衣紅裳(녹의홍상) : 연두 저고리에 다홍치마, 즉 곱게 차려 입은 젊은 아가씨의 복색.

弄瓦之慶(농와지경) : 딸을 낳은 기쁨.

弄璋之慶(농장지경) : 아들을 낳은 기쁨.

ㄷ

簞食瓢飮(단사표음) : 도시락 밥과 표주박 물, 즉 변변치 못한 음식이라는 말.

丹脣皓齒(단순호치) : 붉은 입술과 흰 이, 곧 아름다운 여자의 얼굴. 傾國之色(경국지색), 絕世佳人(절세가인), 花容月態(화용월태), 月下佳人(월하가인)

堂狗風月(당구풍월) : 무식한 자도 유식한 자와 같이 있으면 다소 감화를 받게 된다는 뜻.

大器晩成(대기만성) : 큰 그릇은 이루어짐이 더디다는 말로, 크게 될 사람은 성공이 늦다는 뜻.

大書特筆(대서특필) : 특히 드러나게 큰 글자로 적어 표시함.

塗炭之苦(도탄지고) : 진구렁이나 숯불에 빠졌다는 뜻으로 몹시 고생스러움을 일컫는 말.

棟梁之材(동량지재) : 기둥이나 들보가 될 만한 훌륭한 인재.

東問西答(동문서답) : 묻는 말에 대하여 아주 엉뚱한 방향으로 대답함.

同病相憐(동병상련) : 어려운 처지에 놓인 사람끼리 서로 동정하고 도움.

東奔西走(동분서주) : 사방으로 바삐 쏘다님.

同床異夢(동상이몽) : 같은 처지나 입장에서 저마다 딴 생각을 함.

得隴望蜀(득롱망촉) : 중국 한나라 때 광무제가 농(隴)을 정복한 뒤 다시 촉(蜀)을 쳤다는 데서 나온 말로, 끝없는 욕심을 말함.

登高自卑(등고자비) : ① 높은 곳에 이르기 위해서는 낮은 곳부터 밟아야 한다는 뜻으로, 일을 하는 데는 반드시 차례를 밟아야 한다는 말. ② 지위가 높아질수록 스스로를 낮춘다는 말.

燈下不明(등하불명) : 등잔 밑이 어둡다는 뜻으로, 가까이 있는 것에 더 어두움을 이르는 말.

燈火可親(등화가친) : 가을이 되어 서늘하면 밤에 등불을 가까이 하여 글 읽기에 좋다는 말.

ㅁ

馬耳東風(마이동풍) : 남의 말을 귀담아 듣지 않고 흘려버리는 것을 말함. 우이독경(牛耳讀經)

莫上莫下(막상막하) : 실력에 있어 낫고 못함이 없이 비슷함.

莫逆之友(막역지우) : 매우 친한 벗.

萬頃蒼波(만경창파) : 한없이 넓고 푸른 바다.

萬古風霜(만고풍상) : 사는 동안에 겪은 많은 고생.

麥秀之嘆(맥수지탄) : 기자(箕子)가 은(殷)이 망한 후 그 폐허에 보리만 자람을 보고 한탄했다는 고사에서 유래되어, 고국(故國)의 멸망을 한탄함을 이르는 말.

明鏡止水(명경지수) : ① 거울과 같이 맑고 잔잔한 물. ② 잡념과 허욕이 없이 맑고 깨끗함.

名實相符(명실상부) : 이름과 실제가 서로 부합함.

明若觀火(명약관화) : 불을 보듯 환하게 알 수 있음.

矛盾撞着(모순당착) : 같은 사람의 문장이나 언행이 앞뒤가 서로 어그러져서 모순되는 일.

目不識丁(목불식정) : 낫 놓고 기역자도 모를 만큼 무식함을 이름.

目不忍見(목불인견) : 차마 눈뜨고 볼 수 없는 참상이나 꼴불견.

武陵桃源(무릉도원) : 신선이 살았다는 전설적인 중국의 명승지. 곧 속세를 떠난 별천지를 뜻함.

文房四友(문방사우) : 서재에 꼭 있어야 할 네 벗. 즉 종이(紙)·붓(筆)·벼루(硯)·먹(墨).

門前成市(문전성시) : 권세가 높거나 부자가 되어 찾아오는 손님들로 마치 시장을 이룬 것 같음.

門前沃畓(문전옥답) : 집 앞 가까이에 있는 좋은 논.

拍掌大笑(박장대소) : 손바닥을 치면서 크게 웃음.

拔本塞源(발본색원) : 폐단의 근원을 뿌리뽑아 없애 버림을 뜻함.

背恩忘德(배은망덕) : 은혜를 잊고 도리어 배반함.

白骨難忘(백골난망) : 죽어도 잊지 못할 만큼 큰 은혜를 입음.

百年河淸(백년하청) : 아무리 세월이 가도 일을 해결할 희망이 없음.

白面書生(백면서생) : 글만 읽고 세상 일에 어두운 사람.

伯仲之勢(백중지세) : 우열(優劣)의 차이가 없이 엇비슷함을 이르는 말.

夫唱婦隨(부창부수) : 남편이 창(唱)을 하면 아내도 따라 하는 것이 부부화합의 도(道)라는 것. 女必從夫(여필종부)

附和雷同(부화뇌동) : 제 주견이 없이 남이 하는 대로 그저 무턱대고 따라함.

粉骨碎身(분골쇄신) : 뼈가 가루가 되고 몸이 부서지도록 힘을 다하여 일하는 것.

不問曲直(불문곡직) : 옳고 그름을 묻지 아니하고 함부로 함.

四顧無親(사고무친) : 의지할 곳 없이 외로움. 孤立無依(고립무의)

四面楚歌(사면초가) : 한 사람도 도우려는 자가 없이 고립되어 곤경에 처해 있음.

砂上樓閣(사상누각) : 모래 위에 지은 집. 곧 헛된 것의 비유.

事必歸正(사필귀정) : 모든 일은 반드시 바른 데로 돌아감.

山上垂訓(산상수훈) : 예수가 산꼭대기에서 한 설교.

山戰水戰(산전수전) : 세상 일에 경험이 많다는 뜻.

山海珍味(산해진미) : 산과 바다의 산물(産物)을 다 갖추어 썩 잘 차린 귀한 음식.

殺身成仁(살신성인) : 목숨을 버려 사랑(仁)을 이룸.

三顧草廬(삼고초려) : 중국 삼국시대에 촉한의 유비가 제갈 공명을 세 번이나 찾아가 군사(軍師)로 초빙한 데서 나온 말.

三遷之敎(삼천지교) : 맹자의 어머니가 아들의 교육을 위하여 세 번 거처를 옮겼다는 고사로, 생활환경이 교육에 큰 구실을 함을 말함.

桑田碧海(상전벽해) : 뽕나무밭이 변하여 바다가 된다는 말로, 세상 일의 변천이 심함을 비유하는 말.

塞翁之馬(새옹지마) : 인간 세상의 길흉화복(吉凶禍福)이 서로 순환되어 뚜렷이 정해진 바가 없는 것을 말함. 轉禍爲福(전화위복)

先見之明(선견지명) : 앞 일을 미리 판단하는 총명.

雪上加霜(설상가상) : 눈 위에 또 서리가 덮인다는 뜻으로, 불행이 거듭 생김을 말함.

說往說來(설왕설래) : 서로 변론(辯論)을 주고받으며 옥신각신하는 것.

纖纖玉手(섬섬옥수) : 가냘프고 고운 여자의 손.

送舊迎新(송구영신) : 세밑에 묵은 해를 보내고 새해를 맞이하는 일을 이름.

首邱初心(수구초심) : 여우가 죽을 때 머리를 자기가 살던 굴로 향한다는 말로 고향을 그리워하는 마음.

袖手傍觀(수수방관) : 팔짱을 끼고 보고만 있다는 뜻으로, 어떤 일을 당하여 옆에서 보고만 있는 것.

誰怨誰咎(수원수구) : 남을 원망하거나 탓할 게 없음.

脣亡齒寒(순망치한) : 입술이 없으면 이가 시린 것처럼, 서로 돕던 이가 망하면 다른 한쪽 사람도 함께 위험하다는 뜻.

是是非非(시시비비) : 옳고 그름을 가림.

尸位素餐(시위소찬) : 재덕·공로가 없이 한갓 관위(官位)만 차지하고 녹을 받는 일.

識字憂患(식자우환) : 아는 것이 탈이라는 말로 학식이 있는 것이 도리어 근심을 사게 됨을 말함.

身言書判(신언서판) : 사람됨을 판단하는 네 가지 기준으로, 곧 신수(身手)와 말씨와 문필과 판단력.

十匙一飯(십시일반) : 열 사람이 한 술씩 보태면 한 그릇이 되듯 여럿이 한 사람 돕기는 쉽다는 말.

ㅇ

阿鼻叫喚(아비규환) : 많은 사람이 지옥 같은 고통을 못 이겨 부르짖는 소리. 심한 참상을 형용하는 말.

我田引水(아전인수) : 제 논에 물대기로 자기에게만 이롭게 하려는 것을 뜻함.

羊頭狗肉(양두구육) : 양의 머리를 내걸고 개고기를 판다는 뜻. 즉 겉모양은 훌륭하나 속은 변변치 않은 것을 말함.

梁上君子(양상군자) : 들보 위에 있는 군자라는 뜻으로 도둑을 말함.

漁父之利(어부지리) : 양자(兩者)가 이익을 위하여 서로 다투고 있을 때, 제삼자가 그 이익을 가로채 가는 것을 말함. 犬兎之爭(견토지쟁)

言中有骨(언중유골) : 예사로운 말속에 깊은 뜻이 있는 것을 말함.

如反掌(여반장) : 손바닥을 뒤집는 것 같다는 뜻으로 일하기가 대단히 쉬운 것을 말함.

緣木求魚(연목구어) : 나무에 올라가 고기를 구하듯 불가능한 일을 하고자 하는 것을 비유하는 말.

拈華微笑(염화미소) : 마음에서 마음으로 전하는 일. 以心傳心(이심전심), 拈華示衆(염화시중)

五里霧中(오리무중) : 짙은 안개 속에서 길을 찾기가 어려운 것같이 일의 갈피를 잡기 어려움을 말함.

烏飛梨落(오비이락) : 우연의 일치로 남의 의심을 받았을 때 하는 말. '까마귀 날자 배 떨어진다.'

傲霜孤節(오상고절) : 서릿발 날리는 추운 때에도 굴하지 않고 외로이 지키는 절개라는 뜻으로, 국화를 두고 하는 말.

五十步百步(오십보백보) : 양자간에 차이는 있으나 본질적으로 같다는 뜻. 大同小異(대동소이)

吳越同舟(오월동주) : 서로 반목하면서도 공통의 곤란이나 이해(利害)에 대하여 협력하는 것을 비유하는 말.

烏合之衆(오합지중) : 까마귀 떼와 같이 조직도 훈련도 없이 모인 무리. 烏合之卒(오합지졸)

溫故知新(온고지신) : 옛 것을 익히고 나아가 새 것을 배우는 학문 태도를 말함.

臥薪嘗膽(와신상담) : 섶에 누워 쓸개를 씹는다는 뜻으로, 원수를 갚고자 고생을 참고 견딤을 비유하는 말.

樂山樂水(요산요수) : 지자요수 인자요산(知者樂水 仁者樂山)의 준말로 지혜 있는 자는 사리에 통달하여 물과 같이 막힘이 없으므로 물을 좋아하고, 어진 자는 의리에 밝고 산과 같이 중후하여 변하지 않으므로 산을 좋아한다는 뜻.

龍頭蛇尾(용두사미) : 처음에는 그럴 듯하다가 끝이 흐지부지되는 것.

唯我獨尊(유아독존) : 세상에서 오직 나만이 훌륭하다는 생각.

類類相從(유유상종) : 동류(同類)끼리 서로 왕래하며 사귐. 草綠同色(초록동색)

吟風弄月(음풍농월) : 맑은 바람과 밝은 달을 벗삼아 시를 짓고 즐김.

以心傳心(이심전심) : 말이나 글을 쓰지 않고 마음에서 마음으로 전한다는 말로, 곧 마음으로 이치를 깨닫게 한다는 뜻. 拈華示衆(염화시중)

二律背反(이율배반) : 서로 모순되는 명제(命題)가 동등하게 주장되는 일.

李下不整冠(이하부정관) : 오얏나무 아래서는 갓을 고쳐 쓰지 말라는 뜻. 즉 남에게 의심받을 일을 하지 않도록 주의하라는 말.

耳懸鈴鼻懸鈴(이현령비현령) : 귀에 걸면 귀걸이, 코에 걸면 코걸이라는 말로 이렇게도 저렇게도 될 수 있음을 비유하는 말.

益者三友(익자삼우) : 사귀어 이로운 세 벗. 즉 정직한 사람, 신의(信義) 있는 사람, 학식 있는 사람.

因果應報(인과응보) : 좋은 일에는 좋은 결과가, 나쁜 일에는 나쁜 결과가 따른다는 말.

一魚濁水(일어탁수) : 물고기 한 마리가 물을 흐리게 하듯 한 사람의 악행(惡行)으로 인하여 여러 사람이 그 해를 받게 되는 것.

一日三秋(일일삼추) : 하루가 3년처럼 길게 느껴짐. 즉 몹시 애태우며 기다림.

一場春夢(일장춘몽) : 인생의 영화(榮華)는 한바탕의 봄 꿈과 같이 헛됨.

日就月將(일취월장) : 나날이 다달이 진보함. 날로 진보하여 감.

一筆揮之(일필휘지) : 단숨에 글씨나 그림을 힘차게 쓰거나 그리는 것.

ㅈ

自家撞着(자가당착) : 같은 사람의 문장이나 언행이 앞뒤가 서로 어그러져서 모순되는 일. 矛盾撞着(모순당착)

自繩自縛(자승자박) : 제 새끼줄로 제 목 매기. 곧 자기 행동으로 말미암아 자기가 괴로움을 받게 된다는 뜻. 自業自得(자업자득)

自畵自讚(자화자찬) : 자기가 한 일을 스스로 자랑하는 것을 이름.

賊反荷杖(적반하장) : 도둑이 도리어 매를 든다는 뜻으로, 잘못한 사람이 도리어 잘한 사람을 나무라는 경우에 쓰는 말.

轉禍爲福(전화위복) : 화(禍)를 바꾸어 복으로 한다는 뜻이니, 궂은 일을 당했을 때 그것을 잘 처리해서 좋은 일이 되게 하는 것.

漸入佳境(점입가경) : 어떤 일이나 상태가 점점 더 재미있는 경지로 들어감을 나타냄.

切齒腐心(절치부심) : 이를 갈며 속을 썩임으로 몹시 분함을 말함.

頂門一鍼(정문일침) : 정수리에 침을 준다는 말로, 잘못의 급소를 찔러 충고하는 것.

井底之蛙(정저지와) : 견문이 좁고 세상 형편을 모름. '우물 안 개구리'

糟糠之妻(조강지처) : 가난을 참고 고생을 같이 하며 남편을 섬긴 아내.

朝令暮改(조령모개) : 법령을 자꾸 바꿔서 종잡을 수 없음을 비유하는 말. 朝變夕改(조변석개)

朝三暮四(조삼모사) : ① 간사한 꾀로 사람을 속여 희롱함. ② 눈앞에 당장 나타나는 차별만을 알고 그 결과가 같음을 모름. 姑息之計(고식지계)

左顧右眄(좌고우면) : 좌우를 자주 둘러본다는 뜻으로, 무슨 일을 얼른 결정짓지 못함을 비유.

坐不安席(좌불안석) : 마음에 불안이나 근심 등이 있어 한자리에 오래 앉아 있지 못함.

主客顚倒(주객전도) : 주인은 손님처럼 손님은 주인처럼 각각 행동을 바꾸어 한다는 것으로 입장이 뒤바뀐 것을 나타냄. 本末顚倒(본말전도)

走馬加鞭(주마가편) : 달리는 말에 채찍을 더한다는 말로, 잘하는 사람에게 더 잘하도록 하는 것.

走馬看山(주마간산) : 말을 달리면서 산을 본다는 말로 자세히 보지 못하고 지나침을 뜻함.

酒池肉林(주지육림) : 방탕하고 사치스러운 생활을 뜻함.

竹馬故友(죽마고우) : 죽마를 타고 놀던 벗, 곧 어릴 때 같이 놀던 친한 친구.

衆寡不敵(중과부적) : 적은 수효로는 많은 수효를 대적하지 못한다는 뜻.

衆口難防(중구난방) : 뭇사람의 말을 다 막기는 어렵다는 뜻.

重言復言(중언부언) : 한 말을 자꾸 되풀이함.

中原逐鹿(중원축록) : 중원(中原)은 중국 또는 천하(天下)를 말하며, 축록(逐鹿)은 서로 경쟁한다는 말. 영웅들이 다투어 천하를 얻고자 함을 뜻함.

指鹿爲馬(지록위마) : 중국 진나라의 조고(趙高)가 이세황제(二世皇帝)에게 사슴을 말이라고 속여 바친 일에서 유래하는 고사로, 윗사람을 농락하여 권세를 마음대로 함을 가리킴. 牽强附會(견강부회)

支離滅裂(지리멸렬) : 갈가리 찢어지고 흩어져 갈피를 잡을 수 없게 됨.

進退維谷(진퇴유곡) : 앞으로 나아갈 수도 뒤로 물러설 수도 없이, 꼼짝할 수 없는 궁지에 빠짐. 進退兩難(진퇴양난), 四面楚歌(사면초가)

ㅊ

滄海一粟(창해일속) : 한없이 넓은 바다에 떠있는 한 알의 좁쌀이라는 뜻으로, 크고 넓은 것 가운데에 있는 아주 작은 것을 비유하는 말. 九牛一毛(구우일모)

天高馬肥(천고마비) : 하늘은 높고 말이 살찐다는 뜻으로, 가을이 썩 좋은 계절임을 일컫는 말.

天方地軸(천방지축) : ① 매우 급해서 허둥거리는 모습.
② 어리석은 사람이 갈 바를 몰라 두리번거리는 모습.

泉石膏肓(천석고황) : 고질병이 되다시피 산수 풍경을 좋아하는 것.

天衣無縫(천의무봉) : 선녀의 옷은 기운 데가 없다는 말로, 문장이 훌륭하여 손댈 곳이 없을 만큼 잘 되었음을 가리키는 말.

千仞斷崖(천인단애) : 천 길이나 되는 깎아지른 듯한 벼랑.

千載一遇(천재일우) : 천 년에나 한 번 만날 수 있는 기회, 곧 좀처럼 얻기 어려운 기회.

徹頭徹尾(철두철미) : ① 처음부터 끝까지 투철함을 뜻함. ② 하나도 빼놓지 않고 샅샅이.

徹天之寃(철천지원) : 하늘에 사무치도록 큰 원한.

靑出於藍(청출어람) : 쪽에서 우러난 푸른빛이 쪽보다 더 푸르다는 말로, 제자가 스승보다 낫다는 뜻. 後生可畏(후생가외)

寸鐵殺人(촌철살인) : 조그만 쇠붙이로 사람을 죽인다는 것으로, 간단한 말로 사물의 가장 요긴한 데를 찔러 듣는 사람을 감동하게 하는 것. 頂門一鍼(정문일침)

醉生夢死(취생몽사) : 아무 뜻과 이룬 일도 없이 한평생을 흐리멍덩하게 살아감.

七顚八起(칠전팔기) : 여러 번 실패해도 굽히지 않고 분투함을 일컫는 말.

七縱七擒(칠종칠금) : 제갈 공명의 전술로 일곱 번 놓아주고 일곱 번 잡는다는 말로, 자유자재의 전술을 가리킴.

針小棒大(침소봉대) : 바늘을 몽둥이라고 말하듯 과장해서 말하는 것.

ㅌ

他山之石(타산지석) : 다른 산에서 난 돌도 자기의 구슬을 가는 데 소용이 된다는 뜻으로, 다른 사람의 하찮은 언행일지라도 자기의 지덕을 연마하는데 도움이 된다는 말.

卓上空論(탁상공론) : 실현성이 없는 허황된 이론.

貪官汚吏(탐관오리) : 탐욕이 많고 마음이 깨끗하지 못한 관리.

泰山北斗(태산북두) : 태산과 북두칠성을 우러러보는 것처럼, 남으로부터 그런 존경을 받는 존재.

ㅍ

波瀾重疊(파란중첩) : 어려운 일이 복잡하게 겹침. 雪上加霜(설상가상)

破顔大笑(파안대소) : 얼굴이 일그러지고 깨질 정도로 크게 웃음.

破竹之勢(파죽지세) : 대가 쪼개지듯 세력이 강하여 걷잡을 수 없이 나아가는 모양.

弊袍破笠(폐포파립) : 헤진 옷과 부서진 갓, 곧 너절하고 구차한 차림새.

抱腹絶倒(포복절도) : 배를 안고 몸을 가누지 못할 정도로 몹시 웃음.

風前燈火(풍전등화) : 바람 앞에 켠 등불처럼 매우 위급한 경우에 놓여 있음을 가리키는 말.
百尺竿頭(백척간두)

風餐露宿(풍찬노숙) : 바람과 이슬을 맞으며 한 데서 지냄. 큰 일을 이루려는 사람이 고초를 겪는 모양.

匹夫匹婦(필부필부) : 평범한 남자와 평범한 여자.

必有曲折(필유곡절) : 반드시 어떠한 까닭이 있음.

ㅎ

下石上臺(하석상대) : 아랫돌을 뽑아 첫돌을 괴고 윗돌을 뽑아 아랫돌 괴기. 곧 임시 변통으로 이리저리 둘러맞춤.

鶴首苦待(학수고대) : 학의 목처럼 목을 길게 늘여 몹시 기다린다는 뜻.

漢江投石(한강투석) : 한강에 돌 던지기. 지나치게 미미하여 전혀 효과가 없음을 비유하는 말.

汗牛充棟(한우충동) : 실으면 소가 땀을 흘리고, 쌓으면 들보에까지 가득 찰 만큼 많다는 뜻으로, 썩 많은 장서를 가리키는 말.

緘口無言(함구무언) : 입을 다물고 말이 없음.

咸興差使(함흥차사) : 심부름을 시킨 뒤 아무 소식이 없거나 회답이 더디 올 때 쓰는 말.

孑孑單身(혈혈단신) : 의지할 곳 없는 외로운 홀몸.

螢雪之功(형설지공) : 중국 진나라의 차윤(車胤)이 반딧불로 글을 읽고 손강(孫康)이 눈빛으로 글을 읽었다는 고사에서 온 말로, 고생해서 공부한 공이 드러남을 비유.

好事多魔(호사다마) : 좋은 일에는 방해가 많음.

浩然之氣(호연지기) : 하늘과 땅 사이에 넘치게 가득 찬 넓고도 큰 원기.

魂飛魄散(혼비백산) : 몹시 놀라 정신이 없음.

畵龍點睛(화룡점정) : 용을 그려놓고 마지막으로 눈을 그려 넣음. 즉 가장 요긴한 부분을 완성시킴.

花容月態(화용월태) : 아름다운 여자의 고운 용태(容態)를 이르는 말.

後生可畏(후생가외) : 「논어」에 나오는 말로, 후진들이 선배들보다 나아 오히려 두렵게 여겨진다는 뜻.